世紀人物100

運籌帷幄，決勝千里

張良

胡其瑞　著

三民書局

獻給孩子們的禮物

主編的話

世界上最幸福的孩子，是他們一出生就有機會接近故事書，想想看，那些書中的人物，不論古今中外都來到了眼前，與他們相識，不僅分享了各個人物生活中的點滴，孩子們的想像力也隨著書中的故事情節飛翔。

不論世界如何演變，科技如何發達，孩子一世幸福的起源，仍然來自於父母的影響，如果每一個孩子都能從小在父母親的懷抱中，傾聽故事，共享閱讀之樂，長大後養成了閱讀習慣，這將是一生中享用不盡的財富。

三民書局的劉振強董事長，想必也是一位深信讀書是人生最大財富的人，在讀書人口往下滑落的多元化時代，他仍然堅信讀書的重要，近年來，更不計成本，連續出版了特別為孩子們策劃的兒童文學叢書，從「文學家」、「藝術家」、「音樂家」、「影響世界的人」系列到「童話小天地」、「第一次」系列，至今已出版了近百本，這僅是由筆者主編出版的部分叢書而已，若包括其他兒童詩集及套書，三民書局已出版不下千百種的兒童讀物。

劉董事長也時常感念著，在他困苦貧窮的青少年時期，是書使他堅強向上，在社會普遍困苦，而生活簡陋的年代，也是書成了他最好的良伴，他希望在他的有生之年，分享這份資產，讓下一代可以充分使用，讓親子共讀的親情，源遠流長。

「世紀人物100」系列早就在他的關切中構思著，希望能出版

孩子們喜歡而且一生難忘的好書。近年來筆者放下一切寫作，接下這份主編重任，並結合海內外有心兒童文學的作者共同為下一代效力，正是感動於劉董事長致力文化大業的真誠之心，更欣喜許多志同道合的朋友，能與我一起為孩子們寫書。

「世紀人物 100」系列規劃出版一百位人物故事，中外各占五十人，包括了在歷史上有關文學、藝術、人文、政治與科學等各行各業有貢獻的人物故事，邀請國內外兒童文學領域專業的學者、作家同心協力編寫，費時多年，分梯次出版。在越來越多元化的世界中，每個人都有各自的才華與潛力，每個朝代也都有其可歌可泣的故事，但是在故事背後所具有的一個共同點，就是每個傳主在困苦中不屈不撓，令人難忘的經歷，這些經歷經由各作者用心博覽有關資料，再三推敲求證，再以文學之筆，寫出了有趣而感人的故事。

西諺有云：「世界因有各式各樣不同的人群，才更加多采多姿。」這套書就是以「人」的故事為主旨，不刻意美化傳主，以每一位傳主的生活經歷為主軸，深入描寫他們成長的環境、家庭教育與童年生活，深入探索是什麼因素造成了他們與眾不同？是什麼力量驅動了他們鍥而不捨的毅力？以日常生活中的小故事，來描繪出這些人物，為什麼能使夢想成真。為了引起小讀者的興趣，特別著重在各傳主的童年生活描述，希望能引起共鳴。尤其在閱讀這些作品時，能於心領神會中得到靈感。

和一般從外文翻譯出來的偉人傳記所不同的是，此套書的特色

是，由熟悉兒童文學又關心教育的作者用心收集資料，用有趣的故事，融入知識，並以文學之筆，深入淺出寫出適合小朋友與大朋友閱讀的人物傳記。在探討每位人物的內在心理因素之餘，也希望讀者從閱讀中，能激勵出個人內在的潛力和夢想。我相信每個孩子在年少時都會發呆做夢，在他們發呆和做夢的同時，書是他們最私密的好友，在閱讀中，沒有批判和譏諷，卻可隨書中的主人翁，海闊天空一起遨遊，或狂想或計畫，而成為心靈知交，不僅留下年少時，從閱讀中得到的神交良伴（一個回憶），如果能兩代共讀，讀後一起討論，綿綿相傳，留下共同回憶，何嘗不是一幅幸福的親子圖？

2006 年，我們升格成為祖字輩，有一位朋友提了滿滿兩袋的童書相送，一袋給新科父母，一袋給我們。老友是美國國家科學院院士，曾擔任過全美閱讀評估諮議委員，也是一位慈愛的好爺爺，深信閱讀對人生的重要。他很感性的說：「不要以為娃娃聽不懂故事，我的孫兒們一出生就聽我們唸故事書，長大後不僅愛讀書而且想像力豐富，尤其是文字表達能力特別強。」我完全同意，並欣然接受那兩袋最珍貴的禮物。

因為我們同樣都是愛讀書、也深得讀書之樂的人。

謹以此套「世紀人物 100」叢書送給所有愛讀書的孩子和家庭，以及我們的孫兒──石開文，他們都是世界上最幸福的孩子，因為從小有書為伴，與愛同行。

作者的話

　　這個世界上總是會有一些很聰明的人。

　　就拿班上那些成績很好的同學來說吧！有人平時就很努力，有的人我們從來沒有看過他好好用功唸書，平常也都跟著大家一起玩，到了考試時也都哇哇叫：「我都沒有唸書怎麼辦？」可是考試成績一出來，他還是可以考一百分。這些人，應該可以算是聰明的人。

　　但是這個世界上，並沒有很多人稱得上是有智慧的人。

　　什麼是有智慧的人呢？有智慧的人，看得多，想得遠，思考得很深入，計畫也很周詳。再說前面舉的那個聰明的例子吧！這個考一百分的同學確實很聰明，可是他不見得有智慧，因為他的朋友會覺得，你怎麼自己偷偷的用功，然後騙我們都沒有唸書，害得我們跟你一起玩耍，結果你考一百分，我只有五十分。這樣的同學，就會漸漸失去朋友的信賴，最後，就沒有人願意跟他作朋友了。這樣的人，雖然聰明，但是不見得有智慧。所以，有智慧的人可以也是聰明人；但是聰明人有時候不

一定是有智慧的人。

中國歷史上有很多的聰明人，但是有智慧的並不多。每次出現了一個有智慧的人，往往就創造了一個新的時代。這些人在君王的身邊，常常發揮了很重要的影響力，將歷史點綴得更加有趣。建立周朝的周武王身邊有個可以呼風喚雨、斬妖除魔的姜太公；三國時代的劉備，身邊也有個上通天文、下知地理的諸葛亮；明朝的開國君主朱元璋身旁，不也是站了一位神機妙算、足智多謀的劉伯溫嗎？這些聰明的軍師們，每次都在最重要的時刻發揮了最關鍵的作用。如果沒有這些軍師，也就不會有那麼多精彩的計謀策略，所以我們可以說，這些了不起的軍師們，把原本單調的事件，變得更加豐富有趣了！我們現在手裡的這本書，也是在描寫一個有智慧的人，他的名字叫做張良。

張良是一個很聰明的人，但是他年輕的時候並不是個有智慧的人。他找來了力士狙擊秦始皇，害得自己差點丟掉小命。後來，在一位黃衣老人的開導下，他慢慢體會到，有些事情，需要想得更遠、更深入，不可以貿然行動。黃衣老人的一段話，改變了張良的一生，也讓他成為一個有智慧的人。

從張良和劉邦的相遇，一直到漢朝的建立，我們看到張良的深思熟慮，是讓劉邦得勝的關鍵。每當劉邦陷入危險時，張良總是有辦法讓劉邦化險為夷，不管是在鴻門宴裡逃過項羽的狙殺，或是在

被項羽圍困的時候，都是靠著張良的幽默和機智才化解了危機。

　　張良非常瞭解人的心理，知道他們心裡真正要的東西是什麼，並且適時的滿足他們的需要，讓他們可以繼續為劉邦賣命。等我們一起讀完了這本書，我想，我們會更認識張良這個人。也難怪劉邦不止一次對他的部下們說：「帶兵打仗衝鋒陷陣這種粗魯的工作，換做張良來的話，一定比不上我；但是能夠坐在帳棚裡幫我出主意，把千里之外的勝負算得清清楚楚的，在這個時代裡，恐怕誰也比不上張良了。」所以，偉大的史學家司馬遷說張良「運籌帷幄之中，決勝千里之外」，還真是一點也沒有誇張喔！張良的故事帶給我們的啟發，應當是希望我們每一個讀者，在處理事情的時候，要多想一想：「我這樣做，會不會傷害別人？會不會傷害自己？會不會讓父母、老師傷心？會不會讓我的好朋友難過？」這些都是很重要的。很多時候我們只想到自己，只想到眼前的快樂，但是往往沒有想到這件事情，可能會傷害到很多的人，甚至耽誤了我們自己的一生。儘管，張良是一個很久很久以前的人，但是他所帶給我們的啟示，還是相當重要的。

　　為了讓整個故事看起來更生動一些，作者把自己也寫進了這本故事書，那就是故事裡面的老賈。這位賈先生，真的是一位「假先生」，因為他是一個虛構的人物。就好像福爾摩斯故事裡的華生一樣，他一路跟隨著張良，後來也隨著張良幫助漢高祖劉邦打天下，無論到哪裡，老賈都在張良身旁紀錄著張良所經歷的點點滴滴。作者用第一人稱來書寫，把書中的人物都當作自己的朋友，可以交談，可

以嬉笑，還可以跟他們下下棋、喝喝茶。這樣的筆法，讀起來應該比較親切些。不過，在寫作的過程裡，卻也有一些困難。例如：作者在故事裡不能直接叫劉邦的名字，得隨著他地位的改變，更動對他的稱呼，有時得稱他沛公，有時得稱他漢王，最後還得稱他皇上，這樣變來變去，也怕讀者們會混淆。但是作者相信聰明的你們，應該都能夠瞭解的。

再說，有些事情，是進入故事中的作者沒有辦法知道的。譬如說發生在項羽陣營裡的事情，是遠在關中的老賈所不能知道的。所以，作者必須假托是某人帶來的消息，或是透過誰誰誰才知道的。這種筆法，與一般從第三人稱的角度來寫故事的方式，有很大的差異。這是作者首次的嘗試，希望你們會喜歡。

此外，這本書並不全然都是真實的歷史記載。譬如說，為了凸顯張良的沉著，作者把劉邦寫成一個膽小怕事、又像小孩子一樣愛耍賴的人，事實上，劉邦雖然個性很粗魯，但是也還沒有到那麼糟糕的地步，不然他也不會成為漢朝的開國君王。又譬如說，按照史學家司馬遷所寫的《史記》，張良與黃衣老人分開的時候，黃衣老人與張良相約十三年後再見，十三年後張良隨著劉邦出巡，正巧在黃衣老人所說的地方看到了那塊象徵黃衣老人的大石頭。可是為了讓故事首尾呼應，作者把這一段故事拉到了很後面才講，這是作者寫故事的方式，並不是真正的歷史。

作者並不希望讀者們把這本書的所有故事，包括裡面的對話，都當作真實的歷史來閱讀。而究竟本書中哪些屬於史實？哪些屬於

想像？哪些又屬於後人的捏造呢？作者希望大家不用太過煩惱，只要將這本書定位為「故事」而非「歷史」，大家讀起來應該會比較輕鬆一些。

對於本書的讀者，作者有幾個建議：首先，不用太在意書中那些繁瑣的人物名稱，因為這會讓本書讀起來變得枯燥；其次，不用執著於考證本書故事與史實的相符程度，因為這會讓本書失去了許多趣味；最後，希望讀者可以發揮更多的想像力，去描繪書中人物的性格與表情，這會讓本書讀起來更有意思。

寫 書 的 人

胡其瑞

筆名「出谷司馬」，政大歷史系碩士，現任中央研究院歷史語言研究所研究助理。喜歡在部落格裡寫寫散文，發發牢騷；偶爾喜歡投投稿，然後因為文章被刊登而高興十天半個月。曾發表〈餓的話，每日熬一鷹〉、〈兵變俱樂部〉、〈我的情報局鄰居們〉、〈兩個女人的戰爭〉以及〈我的 DIY 老爹〉等散文。著作有《舌燦蓮花定天下：張儀》、《石頭將軍：吳起》等。

運籌帷幄，決勝千里

張良

目次

楔　子　*2*

◆ *1*　黃衣老人的難題　*17*

◆ *2*　張良與劉邦的相遇　*32*

◆ *3*　臨危不亂的軍師　*61*

◆ *4*　危機四伏的鴻門宴　*73*

◆ *5*　建立漢朝的大功臣　*96*

◆ *6*　你爭我奪的太子保衛戰　*129*

◆ *7*　與黃衣老人的重逢　*149*

世紀人物
100

張　良

？～前186

楔 子

——博浪沙的刺客

　　寒冷的北風呼呼的吹著，捲起了滿天的黃土。由於當年的收成並不好，因為大部分的壯丁都被抓去築城和蓋宮殿去了，所以很多田地裡不是長滿了雜草，就是一片荒蕪，只要一陣風吹來，便會捲起陣陣的黃沙，把道路弄得一片灰濛濛的。

　　我記得那一年是秦始皇二十九年，也就是秦始皇統一六國後的第三年。原本也被抓去修宮殿的我，因為一場意外把我的左腳壓傷了，負責工程的工頭看我這樣既不能幫忙，又還要派個人來照顧我，索性就把我趕回家了。

　　我住的地方叫做博浪沙，由於這裡是個交通便利的地方，因此不論是做生意的商人，或是朝廷的大小官吏出來巡視地方，都

必定要經過這裡。別看我一副窮酸樣，在六國還沒有被滅掉以前，我在韓國好歹也是個武官呢！可是韓國被滅了以後，我就什麼也不是了。我和我的很多國人們一起被帶到咸陽城去，在那裡蓋秦始皇的宮殿。發生了意外之後，我就在博浪沙這裡開了個小吃店，因為人來人往特別多，所以生意還算不錯，日子也算過得去。時間一久，大家也都忘了我的名字，只記得我的姓，所以都管我叫老賈。

　　那是一個風特別大的日子，沙子也捲得半天高。本來想反正也沒什麼客人，正準備要把攤子收一收的時候，突然來了兩個人，就在靠近我店門口的桌子那兒坐了下來。

　　「唉呀！客倌要點什麼啊？」店裡的伙計很快的跑上去招呼。

　　我在店內看了看這兩個人。

一個長得滿臉鬍渣，手臂差不多跟我的腰一樣粗，看來就是一個孔武有力的傢伙；可是在他旁邊的那個人，看起來就斯文許多，如果不是他穿著男裝，我還差一點以為是個女孩子呢！我看他們兩個嘀嘀咕咕的不知道在講些什麼，隨便叫了一點飯菜，很快的吃完後就走了。離開前我看到那個壯漢，手上還拿著兩個大鐵鎚，這鐵鎚少說也有一百多斤重，他竟然可以一手拎一個，像是抓小雞一樣輕鬆。

他們走了以後，我把伙計叫來，問他這兩個客人到底是什麼來頭。

「我看他們挺神祕的，偷偷摸摸的不知道在聊些什麼，看到我一靠近，他們就不說話了。不過我有聽出來，其中那個長得比較斯文的，他的口音跟老闆你一樣都是韓國人。」伙計這樣告訴

我。

　　當我們還在討論的時候，突然遠遠傳來陣陣的馬蹄聲，我跑到門口一看，灰濛濛的沙塵裡，突然出現了一面面黑色的大旗子，旗子上用金色的線繡上了大大的「秦」字。緊接在黑旗子後面的，是一大群浩浩蕩蕩的隊伍，有騎馬的，有步行的，還有幾輛裝飾得相當華麗的車子，每一輛車子都用六匹顏色相同又漂亮的馬兒拉著。看這樣浩大的隊伍，就知道這隊伍的主人，來頭一定不小。我在博浪沙這裡也待了幾年，看到這麼浩大的隊伍，還是第一次。

　　突然一個將軍模樣的人騎了馬往這裡跑來，還沒等我開口，就大喊說：「關門關門！把門都關了！皇帝要經過！你們別在這裡東張西望的！」

　　「唉唷！天啊！皇帝耶！」我

心想，「雖然我曾經在韓國當過武官，但是了不起也只是遠遠的望著韓王而已。現在要經過的是皇帝耶，再怎麼樣也要偷看一下。」於是我把窗戶開了個小縫，從裡面往外頭偷看著。

伙計看到我這樣子，很奇怪的拉了拉我的衣服，問我說：「老闆啊，不過就是個皇帝而已，有什麼了不起的？幹嘛連門窗都要關起來？」

「我說你今年幾歲啊？」我問道。

「十五啊！」他回答我。

「喔！難怪，我說你不曉得這段故事啊！在我爹像你這麼大的時候，還沒有什麼皇帝的，那時候天下有好多大大小小的國家，到處你打我、我攻你；大的國家併吞小的國家，強的國家欺負弱的國家。到了後來，只剩下七個比較屬害的國家，我爹都說

7

那叫『戰國七雄』。」

「我知道，」伙計搶著說，「我也聽我爹說過，就是什麼秦啊、楚啊、燕啊、齊啊，還有趙呀、魏呀和老闆你們的韓國對吧？而且裡面最強的就是秦國了。」

「唷！看不出來你還挺厲害的喔！」我笑著說，「當秦國的王位傳到秦王嬴政的手裡後，就開始積極發動大軍向各國進攻。因為秦軍訓練有素，加上其他的國家又不夠團結，所以秦國就將這些國家一個一個消滅掉了。終於在嬴政當上秦王的第二十六年，統一了天下，也結束了差不多五百多年混亂的局面。

「因為秦王對自己統一中國這張『成績單』很滿意，所以他就自稱為皇帝，這是之前歷史上都沒有的稱呼喔！而且啊，由於秦王嬴政是第一個皇帝，因此他

又稱自己為『始皇帝』，因為他相信他的後代子孫，一定可以繼續當皇帝，所以在始皇帝之後，還有二世皇帝、三世皇帝，甚至是百世皇帝、千世皇帝、萬世皇帝，整個大秦帝國就可以永無止境的傳承下去。」

「那怎麼可能？」伙計不相信的說，我趕緊摀住了他的嘴，這種不相信皇帝的話要是傳出去，就連我這顆腦袋也會跟著丟掉的。

「為了實現這個夢想，皇帝倒也花了很多的心思來治理這個國家。首先，他統一了全國的文字和所有測量物品長寬輕重的標準；因為當時每個國家，各自用各自的文字，用自己的測量標準，那時候要做生意真的麻煩死了。你就想想，如果我們的米沒了，要去隔壁村子裡老王的店買，可是老王講的是趙國的話，

用的是趙國的錢幣，拿的是趙國量米的斛子，你說我們這個生意要怎麼做下去呢？所以我說啊，皇帝搞這一套對我們這些商人倒是挺好的。至少百姓們溝通方便多了，買賣東西也就公平了些，對吧！」伙計點點頭。

「可是皇帝也不是做什麼事情就一定對，」我壓低了聲音繼續說，「他替自己蓋了漂亮的宮殿，又下令把當初幾個國家蓋在北方邊境，用來抵擋北方匈奴※入侵的城牆，一口氣通通連了起來，而且蓋得更厚更高，說是要蓋一個萬里長城，搞得我們這些百姓真是累死了。全國的壯丁幾乎都被抓來做這些大工程，要是想要逃走的，只要一抓到，都會受到很嚴重的處罰。要是我當初

放大鏡
※匈奴是居住在北方的一群游牧民族，時常南下入侵住在黃河流域一帶的人，這樣的情況一直延續到漢朝都是如此。

沒有受傷的話，」我指了指我的左腳，「恐怕我現在還在蓋宮殿哩！」

「所以啊，有很多人其實很想起來反抗皇帝。為了要除掉這些反抗他的人，皇帝反而用更嚴厲的刑罰來控制我們，只要稍微犯了一點錯，或是讓人家感覺到你對皇帝不忠，就會被抓起來，甚至是殺頭呢！而且我聽說，皇帝還是個很小心的人，隨時都在擔心會不會哪天一個不小心，就被這些不聽話的人給暗殺了呢！所以皇帝每次出門，都會帶著大批的隨從，而且隊伍裡都有好幾臺看起來一模一樣的車子，這樣就是為了要讓那些想要暗殺他的人分不清楚到底他坐在哪一輛車子裡。所以今天有機會可以看到皇帝的車隊，你說這不是很難得的機會嗎？」

話才剛說完，北風突然捲起

一陣煙塵，讓車子旁的隨從們都幾乎睜不開眼睛了，我在屋子裡也只能勉強瞇著眼睛。就在這個時候，猛然一聲巨響，後頭跟著的一輛車子，不知道發生了什麼事情，竟然被砸得粉碎；別說坐在裡面的人了，就連跟在旁邊的士兵，也被當場砸死，僥倖逃過一劫的，身上也都受了重傷。正當我們還在納悶的時候，突然間又是一聲巨響，我仔細一瞧，不得了，原來是個好大好大的大鐵鎚，就這樣從天而降，不偏不倚的又打中了另外一輛車子，受到驚嚇的馬匹，慌張的嘶吼了起來。

我和伙計對看了一眼，這鐵鎚不就是剛剛那兩個客人中，強壯的那個人手上拿的大鐵鎚嗎？

正巧這時煙塵稍稍散開了些，帶頭的將軍好像下了命令，要士兵們往山上追去，想來大概

是看到兇手了。但是不知道為什麼，只見將軍對其中一輛車子裡的人說了什麼，便慌慌張張的派人把這輛車給帶走了。

我看得出來那個帶頭的將軍一定嚇死了，因為我也是當過武將的人，保護皇帝卻出了這麼嚴重的事情，回去之後恐怕腦袋就要搬家了。因為秦國的法律是相當嚴屬的，保護皇帝不周，這可不是打兩三下屁股就可以解決的事情。

果然不出我所料，那個帶隊的將軍，還沒回到咸陽城，腦袋就跟身體說再見了。聽說皇帝氣得吹鬍子瞪眼睛的，說什麼也要把這個刺殺他的刺客給抓到。於是秦始皇派出了所有的密探，在大街小巷尋找可疑的線索，結果，不到一個月的時間，刺客的畫像和身分都知道了，而且，還真的是那天來我店裡的那兩個

人臣。

　　刺殺皇帝的主謀是那個斯文的書生，他的名字叫張良。說起張良，其實我以前也聽過他的名字，他是我們韓國張相國的兒子。關於刺殺事件，街頭巷尾的謠言是這麼傳的：「當韓國被秦王滅了以後，張良便把自己全部的財產都變賣了，打算用這些錢雇一個刺客去暗殺秦始皇。張良是個文弱的書生，為了要暗殺秦始皇，他到各個地方找尋能夠擔任刺客的人選。後來，他認識了一個勇猛的大力士；這個大力士來頭不小，一隻手就可以抓起一百二十斤重的大鐵鎚。於是，張良便花了大筆的金銀財寶，雇用了這個大力士，找機會要暗殺秦始皇。好不容易終於等到機會了，兩支鐵鎚卻打中了別的車子，秦始皇一點兒事都沒有。」現在更糟糕的是，張良請刺客的事情，一

下子就曝了光，所以秦始皇下令，就算把整個國家翻過來，也要把張良給捉到手。

由於秦始皇布下了天羅地網要抓張良，整個博浪沙到處都可以見到畫著張良長相的布告，而且凡是能夠提供線索的人，都可以拿到很高的獎金；相反的，如果誰敢幫助張良逃跑，就會被當做犯了跟張良一樣的罪，抓起來殺頭。奇怪的是，儘管皇帝想盡辦法要捉拿張良，但是張良就好像蒸發了一樣，怎麼樣也找不到了。反倒是我這個小吃店，因為發生了這件事情，弄得這裡好一陣子都沒有人敢經過，害得我連生意也做不下去了，只好把店給收起來，搬到一個叫做下邳的地方，投靠一個親戚去了。

1 黃衣老人的難題

　　跟博浪沙比起來，下邳真是個偏僻的小地方。為了不增加親戚的負擔，我也在這裡找了個地方，重新開了間小吃店。不過生意真的是糟糕得很，一天也來不了幾個客人。有天下午，外面還下著雨，店裡面只有我一個人，正當無聊的時候，進來一個人，沒說什麼話，叫了幾樣簡單的飯菜就吃了起來。我覺得這個人的背影有點面熟，瞧了半天，「唉呀！」我拍了一下腦袋，「這不就是張良嗎?」儘管他換了裝扮，留了鬍子，可是還是掩蓋不了他那副斯文的模樣。

　　我悄悄的把門給關上，在他的旁邊坐了下來，小聲的叫了一聲:「張大人!」因為張良是相國的兒子，自然我也得稱呼他為「大

17

人」。

　　張良聽到我這樣叫他，先是愣了一下，接著馬上站起來準備逃走。我一把抓住他，用我們韓國話對他說：「別怕，自己人！」

　　張良一聽我說的是韓國話，緊張的神情少掉了一半。但是還是有點不安的東張西望，深怕旁邊有人埋伏著要抓他。我告訴他，我也是韓國人，曾經在誰的手下當過武將，而且最重要的是，我不會出賣他。雖然他還是半信半疑的，但是至少肯耐心的聽我把話說完。

　　這一頓飯，我沒有收他的錢，而張良，也漸漸的不再懷疑我了。話又說回來，為什麼我要幫助這個通緝犯呢？其實我也不知道，大概是因為我也討厭秦始皇吧？後來，張良來我店裡的次數漸漸多了，偶爾也會跟我聊聊天，講講他這一陣子躲在下邳發

生的事情。有一天，他氣呼呼的走進來。我幫他倒了杯茶，問道：「張良兄今天發生了什麼事情啊？」因為我們已經有一點熟了，所以就以兄弟相稱。

「我跟你說，我今天遇到了一個怪老頭！」接著，張良就把那天發生的事情說了一遍。

那天下午，張良在家裡閒得發慌，趁著天色還早，便到附近去走走。當他走到一座橋上時，迎面而來一個穿著黃衣服的老頭子，拄著枴杖一拐一拐的朝他走來。

當老頭子走到張良身旁的時候，突然把腳一踢，「噗通」一聲就把一隻鞋子踢到橋下去了。由於張良一心只想著自己的事情，所以並沒有很在意這個老頭子，因此對他這個突如其來的舉動也沒有什麼反應。忽然間，老頭子開口了：「小子！幫我去橋下

撿鞋子。」老頭子很不客氣的說。

「什麼？」張良以為自己聽錯了，瞪大了眼睛看著老頭子。

「你聾了嗎？我叫你去橋下幫我撿鞋子啊！」老頭子很不耐煩的又說了一遍。

「你說什麼？！」張良這下聽清楚了，可是他想：「這鞋子明明是你自己踢下去的，為什麼要我來撿呢？」

「快去啊！」老頭子有點生氣的用枴杖「嘟、嘟、嘟」的敲著石板地。

「你有沒有搞錯啊？」張良對這個不合理的要求真是氣壞了，握緊了拳頭就想把這個老頭痛打一頓。可是，當他再看看這個已經滿頭白髮、滿臉皺紋的老頭子時，心又軟了下來，想著：「唉！幫他撿就幫他撿吧！就看在他是年紀大的長輩面上吧！」於是，張良捲起了褲管，在橋旁找了一條

　　小路，費了一番功夫才從橋下把鞋子拿了上來。當他正準備把這隻又破又舊，還帶著一點臭味的鞋子丟還給老頭子時，卻看到老頭子靠著橋的柱子坐了下來，說：「小子！幫我穿上吧！」

　　張良這下可真的是氣不過了，他心想：「要我幫你撿鞋子已經是很過分的要求了，現在竟然還要我幫你穿？」正準備丟了鞋子就走，但是，想了又想：「唉！算了算了，就當是碰到瘋老頭吧！」於是蹲了下來，準備幫老頭子穿鞋。

　　「咚！」一聲，老頭拿棍子敲了一下張良的頭，罵道：「你這個小子一點禮貌都不懂，幫長輩穿鞋得要跪著穿啊！連這個都沒有學過，還想要做什麼驚天動地的大事情？」

　　這麼一敲可把張良敲得眼冒金星，正準備衝上去打老頭子一

頓。

　　說到這裡，張良不由得又把拳頭握得緊緊的。

　　「可是你知道嗎？」張良說，「剛剛這個老頭子說的那句話，閃過我的大腦，他說：『連這個都沒有學過，還想要做什麼驚天動地的大事情？』為什麼一個從來沒見過的老頭子會知道我在想什麼事情呢？難道這個老頭子知道我就是在博浪沙刺殺秦始皇的人嗎？我越想越不對，覺得坐在我面前的這個老頭子，恐怕不是普通人喔！」

　　「然後呢？」我好奇的問。

　　「我就只好乖乖的跪下來，把他那隻又破又爛的鞋，套在他又臭又髒的腳上了！結果你猜他說什麼？」

　　我搖搖頭，要張良繼續把故事說完。

　　「結果他竟然哈哈大笑起

來，說：『你果然是個值得栽培的好青年！我跟你說，五天以後一大早，我在這個橋上等你。』說完了這句話，老頭子就站起身來，拄了枴杖晃晃悠悠的走了，只留下我呆呆的站在那裡，一句話也說不出來。」

「那怎麼樣？你五天後真的要去見這個怪老頭嗎？」我問道。

「我不知道。」張良搖搖頭，我看他也不知道該怎麼辦。

五天之後的那個中午，張良又來我的店裡。不過看起來有一點懊惱。我問了問原因，原來，張良那天特地起了個大早，往五天前遇到老頭子的橋走去，沒想到遠遠的就看到那個穿著黃衣服的老頭子已經站在橋上了，而且一副很不耐煩的樣子，走來走去，還用他的枴杖「嘟、嘟、嘟」的敲著地板。老頭子不高興的說：「搞什麼東西啊？跟長輩約會見

面，怎麼可以遲到呢？去去去！五天之後一早再來！」說完，又是拄著枴杖晃晃悠悠的走了，還是留下滿腦子問號的張良，呆呆的站在橋上，一句話也說不出來。

一轉眼又是五天過去了，我睡到中午才起床，才一起床就看到張良氣呼呼的坐在那裡喝酒。原來他那天又遲到了。不過，那天張良可是趁著天色還濛濛亮，就往那座橋跑去，邊跑心裡還邊想：「這下一定比你早到了吧！」剛上了橋，沒想到老頭子又在那裡等了，而且又氣呼呼的用枴杖敲著地板，破口大罵：「又遲到！不是跟你說和長輩有約，一定要早一點來嗎？回去回去！五天以後再來！」說完又拄著枴杖大搖大擺的走了，留下的是氣喘吁吁，還是滿腦子問號的張良，一句話也說不出來。

我笑著跟他說：「唉唷！張良

兄啊，我看這個怪老頭一定是晚上睡不著，想要找個人來玩玩，讓自己開心的，我看你就別再去了」。

可是張良卻不這麼想，他說：「不！我還是想要去，我想這個老頭子絕對不是普通人，你看這橋的旁邊也沒有住人，老頭子既然不住在附近，但是又能那麼早到，一定不是簡單的人物，我倒要看看，如果我真的比他早到的話，他還有什麼話說！」我彷彿看到張良背後燃起一把熊熊烈火，一副就是要跟那個怪老頭一較高下一樣。這倒激起了我的興趣，讓我也想要看看這個張良口中的黃衣怪老頭子了。

到了第四天晚上，我和張良約好了，今天晚上誰也不准睡，半夜就出發。看著時間差不多了，我們就點了火把，藉著微弱的火光和月色，往約定的地點走

去。到了橋上，這次真的比老頭子早到了。不過我們可不敢大意，直盯著遠方要看看老頭子到底是從哪裡來的。

清晨的橋上起了大霧，我們隱隱約約的在霧中看到遠處有個黃色的小點，晃啊晃的，往這邊走來，仔細一看，還真的是那個老頭子！一會兒功夫，老頭子走上了橋，看到張良在那兒，不禁拍手大笑:「好！好！好！我果然沒有看錯你！」

「難道您認識我？」張良半信半疑的說。

「你是張良，是韓王的相國張平的兒子、韓昭侯的相國張開地的孫子。」（「厲害！果然是個狠角色！」我心裡這樣想。）

老先生繼續說，「而且你前一陣子還在博浪沙雇了一個刺客要刺殺皇帝，可是失敗了，不是嗎？」

　　聽到老先生對自己竟然這麼瞭解，張良張大了嘴巴，一副不敢相信的樣子，這下張良可不敢隨便叫他老頭子了。於是噗通一聲跪在老先生的腳前說：「先生所說的都是事實，請原諒晚輩對您的不敬！」

　　「呵呵呵呵！」老先生摸摸鬍子笑著說：「我知道你是個有能力的年輕人，不過就是太沒有耐性了，所以我才用這些方法來磨練磨練你的脾氣。」

　　「請先生指教！」張良恭恭敬敬的說。

　　「你覺得，派刺客暗殺皇帝，天下就會太平了嗎？」沒等張良回答，老先生繼續說，「即使你暗殺成功了，秦國還是會有秦二世、秦三世可以繼續當皇帝啊！所以你就算殺掉了皇帝，問題還是沒有辦法解決。一個國家並不是只要一個皇帝就能建立起

來的，更重要的，是需要一個好的制度來規範全國上下大大小小的事情。現在秦國已經統一天下，想要推翻它，不是靠你去暗殺皇帝就可以辦到的。我希望你可以去輔佐一個足以平定天下戰亂，獲得人民支持的人，讓他帶給百姓真正幸福的生活，喏！這本書拿去！」說著，老先生從懷裡拿出一本皺皺的小書，書上用古文寫著「太公兵法」四個大字。

「這是輔佐周文王和周武王建立周朝的姜太公所寫的《太公兵法》，你好好的讀，將來一定會對你有幫助的。」說完，老先生就拄著拐杖，轉身要離開。

「請問先生尊姓大名？我要怎麼向您道謝呢？」張良拉住老人的衣角問道。

「哈哈！等你功成名就的那一天，你會經過濟北的穀城山，在山腳下你就會見到我了！」說

完，便帶著一抹奇特的微笑，搖
搖擺擺的消失在晨間的雲霧裡。

2 張良與劉邦的相遇

　　自從張良從黃衣老人那兒得
到了《太公兵法》之後，每天都
很用功的研讀，所以，也就很少
有機會看到他出現在我的店裡。
偶爾出現，也都抓著我聊《太公
兵法》的內容。我雖然是個武將
出身，可是卻怎麼樣也聽不懂書
裡面寫的東西，這大概就是為什
麼黃衣老人把書給張良而不是給
我的原因吧？

　　張良是個聰明的人，所以沒
有幾個月的時間，他已經可以把
整本《太公兵法》倒背如流了。
為了活用這本《太公兵法》，他
還特地找了許多的古書和文獻，
把春秋戰國以來大大小小的戰役
都熟讀了一遍，然後再用《太公
兵法》裡面的各項計謀，試著拿
來比較這些戰役發生的過程與結

果，從這些戰爭的勝敗當中，吸取教訓，有時候在我的店裡會突然莫名其妙的大笑起來，問他原因，他只說「妙！妙！太妙啦！」從他的黑眼圈我大概猜得出來，恐怕他是讀得高興，連覺也不睡了，可是從他的神情當中，卻一點也看不出疲累的感覺。

　　過了好幾年的時間，秦始皇在一次出巡的途中，突然間得了怪病死了，由他的二兒子即位為二世皇帝。根據市場裡面那些小販的消息，秦始皇原本的遺詔＊應當是由大兒子扶蘇即位，但是這份遺詔卻被秦始皇身旁的宦官趙高給偷偷竄改了，他假借秦始皇的命令，要大兒子扶蘇自殺，讓沒有能力、但是卻對趙高百依百順的二兒子胡亥即位為皇帝。

放大鏡　＊**遺詔**　詔是皇帝的命令，遺詔是皇帝死前交代的事情。簡單的說，就是皇帝的遺言和遺書。

「這樣看來，整個大秦帝國的權力，幾乎都掌握在趙高的手裡了。」賣雜貨的小胡搖頭晃腦的說。

事實也真的是如此。大臣們害怕趙高的權勢，都不敢反抗他，甚至趙高還當著皇帝胡亥的面，指著一隻隻的鹿說成是一隻隻的馬，而在旁邊的大臣們也不敢糾正趙高，只敢在一旁猛點頭。大家都說，這就是趙高「指鹿為馬」的荒唐行徑。

「唉！一個濫用權力的宦官，加上一個沒有能力的皇帝，大秦帝國的政治怎麼能夠不混亂呢？」張良嘆了口氣，語重心長的對我說。不過，從他的眼神裡，我好像可以看出一個驚天動地的大計畫，正在他的腦海中慢慢成形了。

果然，過不了多久，許許多多不滿秦國統治的百姓，紛紛集

合起來，要推翻這個無能的政府。整個國家到處都發生著叛變的事情，特別是那些戰國時代各國的貴族和官員們的後代，更是不放過這個機會，希望能夠趁著天下大亂，再次奪回自己原來所擁有的一切。

有一個叫做景駒的人，原來是楚國的貴族，原本追隨著首先起兵稱王的陳勝一同反抗秦軍，後來覺得在陳勝手下當個小官並不過癮，所以便和一些支持他的部下，在「留」這個郡，自稱為「楚假王」；意思是說，雖然我不是真正楚王的後代，但是至少也還是個貴族，所以稱個「假王」，應該還不算太過分吧！

張良也聽說了這個消息，就跑來告訴我，說他打算去投靠景駒，也許可以利用他從《太公兵法》所學到的一切，做出一番大事業來。我心想:「與其在下邳這

個鳥地方做一輩子的買賣，還不如跟著張良到外頭去闖一闖，這樣的生活一定會更精彩。」於是，我又再度把店面給收了起來，打算跟著張良一起去拜見景駒，看看是不是可以在景駒的部隊裡找個好職位。當我們倆往留郡出發的時候，在路上卻遇到了一個相當特別的人，這個人叫做劉邦。

劉邦原本也不是什麼了不起的大人物，不過是在泗水這個小地方當一個「亭長」而已。亭長並不是一個很大的官，在大秦的時候，為了便於管理百姓，秦始皇把政府切割成一層一層的，最上面有皇帝和文武百官，接下來是各郡的郡守，郡下面還有縣，縣下面還有鄉，一個鄉管十個亭，一個亭管十個里。而亭長，就是亭裡面最大的官。

亭長要負責的事情很多，主要是當百姓之間有糾紛的時候，

他就要出來幫忙調解，或是審判。這樣一個半大不小的官，平常沒事的時候，就負責地方上的治安，偶爾抓抓小偷強盜什麼的，日子過得倒也輕鬆得很。加上劉邦豪爽的性格，讓他在地方上獲得很多百姓的喜愛，也結交了很多的朋友。

要是日子就這樣安穩的過下去，後面大概也就不會有什麼了不起的故事發生了。有一天，劉邦負責送一群犯人到酈山，準備去修建秦始皇的陵墓，可是人還沒送到酈山，已經跑了一大半。按照大秦的法律，押送犯人卻讓犯人逃跑了，是一件很嚴重的事情。劉邦看這樣下去不是辦法，就對剩下的犯人說：「我看你們就各自逃命去吧！你們不逃，我也要逃了！」

犯人們你看我，我看你，還以為亭長喝醉了。沒想到劉邦真

的叫差役把他們身上的鍊子都解開了，大家不由得歡呼了起來。這些犯人走了大半，卻有一些人還留在原地不走。

「怎麼？你們要和我一起被抓去殺頭嗎？」劉邦問道。

「不！」這些人異口同聲的說，「我們很欣賞你，就讓我們跟隨你吧！」

於是，劉邦就由一個小小的亭長，變成了一群小混混的老大了。

秦始皇死後，各地的英雄好漢紛紛起來要爭奪天下，劉邦自然也不例外，由於劉邦喜歡到處結交朋友，因此，跟隨劉邦的人，就像滾雪球一樣，越滾越大，越來越多了。就在景駒自立為楚假王的時候，劉邦也帶著一群人要去投靠他，正好碰上了也打算去投靠景駒的我們。誰也沒有想到，張良和劉邦的相遇，將

　　為這個混亂的大時代，寫下一段轟轟烈烈的歷史。

　　雖然劉邦不過是一群小混混的老大，也不見得曾讀過什麼書，可是，當張良和他提到《太公兵法》的內容時，劉邦卻一下子就能和張良聊得非常起勁，而且在與秦軍的幾次交手當中，劉邦還用了裡面提到的許多計策，打了幾次的勝仗。相反的，張良每次跟別人提到《太公兵法》，就好像是講「匈奴話」一樣，沒有人聽得懂。張良私底下就跟我說：「這樣看起來，劉邦確實和一般人不一樣。搞不好他就是黃衣老人口中所說的那位『足以平定天下戰亂，獲得人民支持，而且又能帶給百姓真正幸福生活』的人喔！」張良覺得，與其去投靠那個才有一點點成就，就自立為王的景駒，不如跟著劉邦，搞不好更有前途。於是，我們就跟隨了

劉邦，張良也成了劉邦的軍師。自從張良當了劉邦的軍師之後，劉邦接連打了幾次的勝仗，勢力也慢慢越來越大了。

原本劉邦也打算去投靠景駒，但是景駒才當了一會兒的楚假王，就被同樣起兵抗秦的項梁給殺了。項梁是項羽的叔父，他們都是在陳勝起兵稱王之後，一同加入陳勝反抗秦軍的行列的。景駒被殺後不久，馬上又傳來陳勝陣亡的消息，讓這群反抗軍突然間群龍無首，變得有些混亂。為了趕緊穩定反抗軍的軍心，項梁便在鄉下地方找了一個自稱是楚國最後一位國王——楚懷王的孫子出來擔任新的楚懷王。之所以非得找楚王後代出來領導反抗軍，其實也是有原因的。

當時在民間流傳著一句話說：「即使秦王把楚國消滅到只剩下三家人，到最後把秦國滅掉

的，還是得靠楚國。」所以項梁在此時立楚懷王的後代為王，多多少少可以獲得百姓的支持。後來，各地的英雄豪傑聽到楚王的後代被推舉為楚懷王了，也就紛紛從各地往這邊集合，宣布效忠楚懷王的領導。這當中也包含了劉邦和我們這一行人。

　　不過，雖然說有個楚懷王統治著這群反抗軍，但是實際上的權力還是掌握在擁立懷王的這一群人手裡，特別是當項梁戰死、項羽自稱為上將軍後，楚懷王就變成項羽控制的一顆棋子了。

　　即使各地都有反抗軍起來對抗秦軍，但是秦軍的力量還是非常強大，而且多半的主力部隊都集中在靠近秦國首都咸陽一帶的「關中地區」。

　　關中地區自古以來就是個土地肥沃、物產豐富的好地方，為了鼓勵手下的各個諸侯王，楚懷

王對大家說：「誰要是能夠先打進關中的，寡人就封他為『關中王』！」

原本以為這會是一個很好的獎勵，可以讓各個諸侯王合作起來一舉消滅秦國的，但是沒有想到諸侯們卻你推我，我推你的，誰也不想去當和秦軍主力部隊交鋒的砲灰。反倒只有項羽跟劉邦兩個人願意出兵攻打關中。

項羽想要攻打關中，其實不難理解。因為他的叔父項梁就是被秦軍殺死的，所以，為叔父報仇，也是很合情合理的事情。可是劉邦呢？他看起來就不是個勇敢的人，怎麼願意去當先鋒部隊呢？張良很不解的問他：「沛公啊！」這是劉邦部下對他的尊稱，因為劉邦是沛縣這個地方的人，這裡是戰國時代楚國的地盤；按照楚國的地方制度，「公」是縣裡面最大的官，所以大家都尊稱

劉邦為沛公。「我實在搞不懂您為什麼要接受懷王的這個命令？」

「咦？這不是很好的事情嗎？大家都說關中是個好地方，當了關中王不是更棒的事情嗎？」沛公還很高興的回答。

「可是沛公您不知道秦軍最精銳的部隊都聚集在這裡嗎？」張良提醒道。

「什麼？懷王沒有說啊！他只有說先進關中就當關中王啊？！」沛公這下知道害怕了，

「子房啊！」子房是張良的字，因為大家都是很熟的朋友了，所以我們通常都以對方的字來相稱。

「你得救救我呀！」我看沛公害怕得都快要哭出來了。

「唉！事到如今也只有硬著頭皮上戰場了。」張良歪著腦袋想了一會兒，這是張良想事情時的招牌動作，他說：「我看情勢倒也不是那麼糟糕。我聽說懷王並不

希望項羽出兵關中，反而要他先去解救被秦軍大將章邯圍困的趙王，所以，如果沛公您的部隊動作快一點的話，也許可以不費一兵一卒就拿下關中喔！」

「喔！這話怎麼說呢？」沛公一副不大相信的樣子，接著說：「項羽的部隊，幾乎都沒有打過敗仗，懷王怎麼會不希望他出兵關中呢？我看不如我們跟著項羽走，讓他幫我們收拾前面的秦軍，等最後要進關中的時候，我們再走小路先跑進去，子房，你是不是這個意思啊？」我在旁邊聽了都快笑出來了，但張良倒是很嚴肅的繼續說。「沛公您以為這是在比賽賽跑嗎？當然不是囉！跟著項羽走固然是件好事，但是如果沛公您用這個方式當了關中王，豈不是讓天下的人笑話嗎？而且，您覺得這樣做項羽會放過您嗎？」

　　沛公搖搖頭。張良繼續說：「懷王之所以不希望項羽出兵，是因為項羽的軍隊所到之處，都是一片殘破，別說敵人了，就是連一般的百姓他也都不放過。如果派項羽去攻打關中，把咸陽城弄得破破爛爛的，懷王將來要在哪裡當皇帝呢？再說，現在項羽先去解救趙王，章邯的軍隊就會被項羽牽制在那邊，您在這個時候攻打關中，章邯也趕不回來。而且，我聽說關中的守將是殺豬小販的兒子，這種商人出身的人是最容易用金錢打動的。沛公您現在先按兵不動，派一部分軍隊往關中前進。然後下令，要他們每次用餐時，都要煮五萬人的量⋯⋯」

　　「五萬人？！」沛公打斷了張良的話，「我手下不過才兩萬人，你煮五萬人的分量做什麼？這樣實在太浪費了！」

「沛公這您就不懂了，」張良慢條斯理的說，「我這一招叫做『虛張聲勢』，讓秦軍以為我們有五萬人要來攻打他們。而且您還要多做些軍旗，把這些旗子插在關中外的山上，讓他們以為後面還有更多的軍隊。等他們心生恐懼，最後再派人帶著金銀財寶去賄賂守城的將軍，這樣就行了。」

「真的嗎？」沛公半信半疑的，不過還是照著張良的話去做了。

果然真的如張良所言，守城的將軍立刻表示願意投降，而且打算跟沛公一同攻打咸陽城。沛公覺得這樣更好，不但不費一兵一卒就讓關中守軍投降，而且還可以得到他的幫助，一同攻打咸陽城。

「這簡直就是『要五毛，給一塊』的好事情。」我笑著對張良

說。但是，張良卻不這麼認為。他對沛公說：「現在關中的部隊只有守城的將軍願意投降而已，不代表整個部隊都願意投降喔！而且這種容易被金錢收買的人，難保他不會又被別人收買，所以跟著他一起攻打咸陽，我看不大妥當。」

「那子房你的意思是……？」沛公問道。

「現在守將以為要投降了，部隊的管理一定很鬆懈，不如我們趁現在攻打關中，依我看來，應該不難攻下。」

這次沛公不再懷疑了，直接下令出兵，果然很快的就把秦軍打得片甲不留，一下子就攻到了咸陽城外。

咸陽城裡的狀況又是如何呢？當沛公的軍隊駐紮在關中附近的時候，咸陽城裡的人都緊張得不得了。最害怕的人要算是趙

高了，原本趙高以為自己只要掌控住皇帝胡亥，就可以控制全天下，沒想到奢華的日子沒過多久，敵人就已經攻打到門口了。後來就傳來趙高派人把皇帝胡亥殺死，立胡亥的姪子子嬰為秦王*的消息，而且趙高還派出代表跟沛公談判，表示自己願意和沛公一起當關中王。我想趙高的心裡大概是這樣盤算的：「就算我趙高派所有關中的軍隊去和沛公決戰，恐怕還是贏不了，到時候還是死路一條。不如我把胡亥殺了，然後跟沛公談判，和他一起當關中王，這樣才有活命的機會。」

不過，談判還沒開始，趙高就被新即位的秦王子嬰殺了。因為子嬰知道，趙高只是拿秦國的

放大鏡 ——＊趙高因為看到大勢已去，不敢再讓子嬰當「皇帝」了，而只敢讓他當比皇帝低一等級的「秦王」。

江山去換取自己一個人的榮華富貴而已。於是，子嬰下令咸陽城的軍隊不再抵抗，正式宣布向沛公投降。

沛公不費一兵一卒就讓秦王開門投降，心裡真是高興極了。他的許多部下都建議沛公，要趕緊把子嬰給殺了，免得將來有一天，子嬰又再度壯大起來，重新回來當皇帝。正在猶豫不決的時候，張良說話了：「沛公您還記得當初為什麼懷王不派項羽出兵關中而是派您來的嗎？」

「我不知道，請子房你教我。」由於張良的計謀讓沛公順利的進城，讓沛公對張良相當的佩服，因此對張良說話的時候也就特別客氣了些。

「懷王派沛公您來關中，是因為知道您是一個寬大仁慈的人，所以您的軍隊經過的地方，都沒有造成很大的破壞，死傷也

沒有很慘烈。現在子嬰已經投降了，如果您又把他殺了，一定會讓很多效忠子嬰的人起來反抗您，所以您應該保住他的性命，給他一個小官做，讓百姓對您有好感。」

沛公覺得張良的建議很有道理，便照著張良的話做了。

既然子嬰都投降了，沛公就和部下大搖大擺的走進皇宮裡。沛公和部下們原本都是地方上的小人物，哪裡有看過皇帝用的東西呢？看到這麼宏偉的宮殿，和那些金碧輝煌的建築，以及一大群的美女嬪妃和數不完的金銀財寶，讓沛公都看傻了眼，說什麼也不想離開這裡了。

張良看出沛公的心意，便對沛公說：「沛公，我們還是快快離開這裡好了。」

「你講的這是什麼話？」沛公生氣了，雙手抱了滿懷的金銀珠

寶對張良說，「我好不容易才把關中給打下來，這些東西本來就應該是我的，為什麼我要離開這裡，回去睡我的臭帳棚？」

「沛公您有所不知啊！您知道為什麼您可以這麼輕易的就進到咸陽城嗎？這全是因為秦皇帝對百姓太壞的結果。百姓受不了秦始皇和秦二世的統治，因此歡迎沛公您的到來。現在您解決了人民的痛苦，卻又表現出一副想要和秦始皇他們一樣享樂的樣子，叫人民怎麼能對您服氣呢？您趕走了討厭的皇帝，應該像家裡有喪事一樣的穿著更樸素的衣裳，然後廢掉原來秦始皇頒布的那些嚴苛法令，這樣百姓才會支持您啊！」

抓在兩手的金銀，一下子叮叮咚咚的掉了一地。「張良說得沒錯，我這樣做，跟秦始皇有什麼兩樣呢？」沛公自言自語的說。

於是，沛公立刻下令將皇宮內所有的財寶全部封起來，不准任何人進入皇宮。

出了皇宮，沛公把咸陽城地方上重要的人士都找了來，對他們說:「我知道各位在秦國的法律底下都過得很辛苦，常常說了不該說的話，整個家族就因此被殺頭。現在楚懷王跟各個諸侯約定，誰先進關中，就可以當關中王，而我將來就是關中王了，所以我和各位約定三件事情，只要關中的百姓不違背這三件事情，我保證大家都可以過得平平安安的。

「第一，凡是殺人的，一律處以死刑;第二和第三件事也不難，傷害別人的，或是偷人家東西的，該判什麼罪就判什麼罪。其他嚴苛的秦法，我通通廢除掉，」＊沛公繼續說:「原來在官府裡面當差的，繼續安心做你們的

事。我沛公來到這裡，不過是替各位除害而已，不是要來欺壓大家的，請你們不要害怕！而且，我會把軍隊帶出咸陽城，不會讓軍隊在這邊擾亂各位的生活。等諸侯們來到咸陽，我們再重新跟各位訂定新的法律，你們說好不好啊？」這些人原本都帶著害怕的心情而來，現在聽到沛公這樣說，不禁高興得歡聲雷動，紛紛將這個好消息告訴咸陽城裡的人，大家聽說了沛公所說的話，爭相帶著食物和美酒要來犒賞沛公的軍隊，而沛公卻又推辭不要，讓百姓們更加敬愛沛公，巴不得他現在就可以成為關中王，治理他們。

　　沛公很快就獲得了關中百姓的愛戴，這當然跟張良在一旁對沛公的獻策有關，沒有張良的提

※這就是「約法三章」這句成語的典故。

醒，恐怕沛公就會變成一個跑進咸陽城的土匪頭子了。

再說項羽吧！楚懷王命令項羽前去救援被秦將章邯圍攻的趙王。項羽本來就是一個善於帶兵打仗的人，所以根據前線傳回來的消息，項羽的軍隊一路大敗秦軍，打得他們不得不跪地求饒。原本其他反抗軍的領袖都不看好項羽這次救援趙國的行動，所以他們都等著項羽大敗之後，看他被楚懷王責罵的好戲。可是，沒有想到項羽的部隊一過了河，準備要和秦軍對峙的時候，項羽就命令士兵把煮飯的鍋子和撤退用的船全部弄壞，只留下三天的糧食，然後告訴他的部隊說：「各位英勇的弟兄們，現在我們只剩下三天的糧食，既沒有鍋子煮飯，也沒有逃回去的船可搭，但是，」項羽慷慨激昂的說：「我們的食物就在秦軍的軍營裡，我們回家的

船也在秦軍的港口邊，現在只有跟秦軍決一死戰，我們才有活下去的機會！」全部的官兵們聽到項羽這樣說，不由得全身的熱血都沸騰起來了，每個官兵都好像不怕死一樣，一個人對付十個敵人，大破秦軍。所以大家都說，項羽的「破釜沉舟」，是他得勝的關鍵。

項羽大敗秦軍，讓所有的反抗軍領袖都嚇了一大跳，看到項羽這麼勇猛的樣子，每個人都低著頭，害怕得要死。就連遠在關中的我們，也都聽到了這個消息；更糟糕的是，當項羽的聲望達到最高的時候，聽到沛公竟然趁著這個時候，已經進了關中，眼看就要被懷王分封為關中王了！這個消息讓項羽生氣極了。

「劉邦這個可惡的小子！我在外面辛苦的打仗殺敵，他就這樣輕輕鬆鬆的進了關中，當了關

中王。論功勞、論能力，他怎麼能跟我比呢？我現在就出兵關中，讓這小子嚐嚐我的厲害！」這段話是從趙國來關中做生意的老呂告訴我的，而且他還說：「我看，項羽和沛公之間的大戰恐怕難以避免了。」

3 臨危不亂的軍師

　　沛公的軍隊大約有十萬人，而項羽大敗秦軍之後，大約有四十萬人，並且各個都是身經百戰的勇士，所以這場仗要是打起來，項羽的勝算當然大很多。有一天晚上，我和張良正在營帳裡面喝酒，忽然間營帳的門口閃進一個神色匆匆的黑衣人。

　　「什麼人！」我本能的大喊，馬上就把劍拔了出來。

　　「子房！是我，項伯！」黑衣人把面罩拿了下來，露出一張大約五十多歲的面孔。

　　「項伯兄？快快請坐，老賈！來來來！我幫你們介紹一下。」張良立刻站了起來。原來他們兩個人認識。

　　項伯是項羽的叔父，但是張良為什麼會跟項伯認識呢？張良

慢慢把這段故事說給我聽。

大約十幾年前吧，張良還躲藏在下邳，有一天晚上，正當張良在書桌前讀書的時候，突然間，外面傳來一陣吵雜的聲音。張良跑出去庭院一看，發現一個全身都是傷的人，倒在自己的院子裡。

張良嚇了一跳，仔細看了看這個人，看他一身的裝扮，似乎是從監獄裡面跑出來的逃犯；可是再看看他的臉，卻不像是個壞人。張良也不知道哪裡來的勇氣，竟然決定要幫助這個陌生人，於是趕緊把他扶進屋子裡。沒想到才剛把這個受傷的人安頓在床上，就聽到外面有人「咚咚咚」的敲門。張良把門打開，沒想到外面站的全是帶著武器的士兵。張良心想:「難不成是博浪沙的那件事情被發現了？」

但是張良很快的就恢復了鎮

定，恭恭敬敬的問帶頭的長官說：「請問官爺有什麼事情啊？」

「什麼官爺不官爺的！」長官沒好氣的說，「喂！你這個書呆子，有沒有看到一個逃犯跑到你家裡來啊？」

「逃犯？沒有啊！」由於張良最痛恨這些秦國的軍人，所以故意撒了個謊，「不過我剛剛倒是好像有聽到村子口的王大嬸嚷著什麼『逃犯』、『壞人』的，也許官爺您可以去問問她。」

「是嗎？好！我們走！」帶頭的長官臨走前又丟下一句話，「喂！書呆子，我警告你喔！藏匿犯人可是個大罪，你最好別騙我！」說完，便帶著一群兵丁走了。

張良看著他們走遠了，趕緊回到家中，把門窗都關上了以後，在家裡找了一些草藥，將這些藥敷在這個陌生人的傷口上。

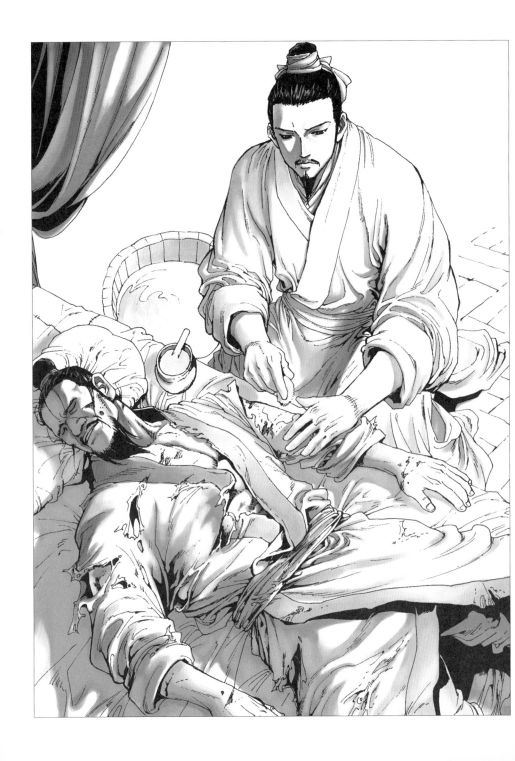

也不知道是過了幾個時辰，這個陌生人終於醒了過來。原來，他的名字叫項伯，平常在家鄉裡老是愛打抱不平，前一陣子不小心打死了一個人，被判了死刑，結果趁著差役押送他的時候，找機會逃走了。

張良看著項伯，雖然不是什麼了不起的大人物，但是在他的臉上，卻看得出來不是一般的地痞流氓，將來一定會有大的作為。結果，項伯果然成為項羽陣營的大將，而張良也成了沛公手下的軍師。而現在，兩人就在這樣的局勢下重逢了。

「來來來！項伯兄，一塊兒喝酒啊！」張良很熱情的招待著。

「喝什麼酒！子房兄，眼看項羽就要率領大軍進攻關中了，你還是跟我一起逃跑吧！別跟著劉邦一塊兒送死啊！」項伯焦急的說。

「這話怎麼說呢？」我好奇的問。

「實不相瞞，你們認識曹無傷這個人嗎？」

「認識啊！」曹無傷是沛公的部下，在沛公身邊擔任「左司馬」的職位。

「就是他害得子房你們大禍臨頭的！」於是項伯便把事情的經過娓娓道來。

原來，曹無傷看到項羽和沛公的兵力差這麼多，心裡想：「我看這下子沛公大概要完蛋了，我要是不早一點投靠項羽，說不定也會跟著一起遭殃。」於是曹無傷趁著夜晚，派了一個使者偷偷的溜出城外，到項羽駐軍的鴻門，對項羽說：「啟稟上將軍，沛公身邊的曹無傷大人派我來跟您說，『沛公現在到了關中，想要自己封自己為關中王，不聽楚懷王的話了。而且還叫子嬰當他的丞

相，把所有皇宮的寶物都據為己有！』曹大人希望您快快來解救我們關中的百姓，因為大家都不喜歡沛公。而且曹大人還說，只有大將軍您才有當關中王的資格，希望您能出兵攻打沛公！」使者說了這麼多，不過是想要暗示項羽，曹無傷願意在關中當內應，幫助項羽打進關中，而且還希望項羽能夠封曹無傷當個官。

「哼！劉邦這小子哪裡能跟我比？」項羽生氣的說，「就憑他那個賊頭賊腦的樣子也想當關中王？我看他當關中王的馬伕還差不多。你回去告訴曹無傷，我馬上就下令攻打關中。」

項羽才剛下令要攻打關中，結果從前線回報的消息卻和曹無傷帶來的情報完全相反。傳回來的情報說，沛公不但沒有將皇宮內的寶物占為己有，而且獲得關中百姓很大的支持，不由得讓項

羽對曹無傷的話產生了懷疑。

項羽的軍師范增對他說：「如果劉邦真的像曹無傷所說的那樣子，那我還比較放心呢！」

「亞父為什麼會這樣說呢？」亞父是項羽對范增的尊稱，表示范增對項羽而言，就像第二個父親一樣。

「我聽說劉邦在當亭長的時候，是一個貪財又好色的人，常常和朋友跑去喝酒又不付錢，根本就是一個小流氓。現在他到了關中，竟然沒有把皇宮的財寶據為己有，也沒有對皇宮中的嬪妃有非分之想，這根本不是他的作風。可見，一定有個了不起的人在身邊指點他，而且，他的志向絕對不是只想要當個關中王而已。如果現在不除掉他，以後恐怕會成為我們的大麻煩。」

於是范增便急急的催促項羽趕緊出兵關中，好除掉沛公。

　　項伯聽到項羽打算接受范增的建議，出兵關中，便著急的想要把這個消息告訴張良，好救張良一命。

　　「所以，子房啊！你還是快跟我走吧！」項伯不斷的勸張良。

　　張良回答說:「怎麼可以呢？沛公對我有恩，又如此的重用我，我如果在他有難的時候逃跑，豈不是變成一個不講義氣的人嗎？」

　　項伯苦勸張良許久，張良還是堅持要留在沛公的陣營裡。項伯看張良的意志這麼堅定，也不好多說什麼，正準備要回去，但張良歪著頭想了一想，突然出聲叫住項伯:「項伯兄，先別急著走，我倒有一個想法，可以讓沛公和項將軍不至於打起來，請你隨我去見沛公一面。」說完，便拉著項伯去見沛公，將項羽要打進關中的事情告訴了他。

　　沛公聽了大吃一驚，說：「我不過是遵照懷王的意思，誰先進關中就當關中王啊！這下怎麼辦？項羽有百萬大軍，我不過才十萬人而已，怎麼敵得過他呢？」百萬大軍不免太過誇張，不過由於當時項羽威震天下，大家口耳相傳，就把他的四十萬大軍傳成百萬大軍了。可是對沛公來說，已經是足以讓他嚇破膽子的數字了。

　　「子房，」沛公緊緊抓住張良的手，「這次你一定要幫幫我啊！」

　　「沛公您認為您打得過項羽嗎？」張良問沛公。

　　「項羽有我十倍的部隊，怎麼打得過！我只想要活下來啊！」沛公害怕的說。

　　「我有一個辦法，但是得靠一個人才能完成。」於是張良將項伯介紹給沛公，並且將沛公沒有

與項羽為敵的意思當面告訴了項伯，希望他可以幫點忙，在項羽面前幫沛公說點好話。

「我不相信項伯這樣就可以說服項羽，」項伯走了以後，沛公對張良說，「儘管項伯是項羽的叔叔，但是項羽這個人想做什麼就做什麼，怎麼會聽叔叔的話呢？」

「當然不是這樣就可以解決問題的，」張良說，「明日一早，請沛公帶我和老賈一起去見項羽。」

「什麼？」沛公一聽，差一點從位子上跌了下來。「項羽這麼想要殺我，你還要我去送死嗎？」

「呵呵！」張良笑了笑，「當然不是，我保證讓沛公您平平安安的回來。喔！對了，請沛公明天帶著樊噲一起去吧！有他在，路上聊天也有個伴。」樊噲是跟沛公一起出來打天下的死黨，長得

一副兇巴巴的樣子，留著一臉的落腮鬍，瞪著一雙大大的眼睛，頭一次見到他的人，都像見到鬼一樣，嚇得半死。

「帶樊噲有什麼用？人家有四十萬大軍啊！子房，子房！」沛公緊張的叫著，但是張良卻一點也不擔心，也不理會沛公，一面搖頭晃腦，嘴裡一面唸唸有詞的拉著我就走出帳棚了。

我回頭看了一眼沛公，看來今天晚上，沛公恐怕要失眠了。

4 危機四伏的鴻門宴

　　第二天一大早，我們一起去見了沛公，看著他一副沒有睡飽的樣子，張良不禁笑了起來。

　　「沛公一夜睡得安穩嗎？」張良笑嘻嘻的問。

　　「安穩個頭！」沛公不高興的說，「你話也不說完就走了，還丟給我這個難題，讓我去送死，我看我還是回泗水當亭長好了。」說完還當真就要上馬往泗水老家逃了。

　　「別急別急！」這時候樊噲出聲了，「老季你就帶我們去鴻門大吃一頓就是了。跟著你到關中來，還沒吃到什麼好料，走走走！快上路吧！」樊噲跟沛公是死黨，所以他在私底下直呼沛公的字，稱他為老季。

　　「怎麼連你也這樣說？你們

就放我一馬吧！」沛公開始要賴起來了。

「放心放心，」樊噲繼續說，「張先生說你會平安回來就一定會平安回來的！」說完就連拖帶拉的把沛公架上馬，往鴻門出發了。

其實，前一天晚上，我們離開了沛公的帳棚以後，張良便找了樊噲出來，跟他嘰嘰咕咕交代了一堆事情，樊噲是個急性子，對張良說：「你說這麼多我記不得啦！到時候你說什麼，我做什麼就是了！」於是兩個人就把可能會發生的狀況，演練了一遍，到好晚才各自回到帳棚休息。我問張良到底想出了什麼計策，他只神祕兮兮的對我說：「祕密！」

因為張良已經把計畫都跟樊噲說過了，所以樊噲才會跟張良兩個人像唱雙簧一樣，一搭一唱的把沛公架上馬。

　　而項羽呢？後來項伯告訴我，項羽一聽說沛公要來鴻門見他，便找了范增來商量。

　　「亞父，你看劉邦這次來有什麼目的？他葫蘆裡賣的是什麼藥呢？」

　　范增回答說：「籍兒，」項羽的名字叫項籍，羽是他的字。我們都習慣稱他為項羽，但是他的長輩們都喊他籍兒，「我的部下裡面有一個會看天象的人，他看到最近關中那個方向有一股特別的氣，好像五彩的飛龍和猛虎，表示那邊有新一代的天子要出現了。我擔心如果現在把劉邦放了，將來必定會成為你的心腹大患。這次劉邦到鴻門來，不論他打算跟籍兒你說什麼，你一定要把握機會除掉劉邦，不然等他翅膀硬了，要抓也抓不到了。」

　　項羽點點頭。心想：「好！我就要讓劉邦你直的走進來，橫的

被抬出去！」

沛公帶著百來個隨從到了項羽在鴻門的軍營之中，這一路上張良自然也把自己的計謀跟沛公說了一遍，儘管沛公不大相信這樣就可以平安的逃過一劫，但是還是半信半疑的來了。

雙方人馬見了面，沛公很客氣的對項羽說：「上將軍和小弟奉懷王之命共同攻打秦軍，將軍您在黃河北邊與秦軍大戰，小弟則在南邊對抗他們。雖然小弟先進了關中，攻破了咸陽城，這不過是小弟的運氣比較好而已，比起戰鬥力來說，小弟當然遠遠不及將軍您啊！

「小弟聽說上將軍您對小弟有些誤會，聽了一些謠言，說小弟想要和您作對，這絕對不是真的。所以小弟特地來鴻門，要向將軍您澄清這件事情的。」

我不得不佩服沛公，前一天

晚上還怕到失眠，這下見了項羽，還能這樣滔滔不絕，把自己講得這麼微不足道，可見張良在這一路上的訓練還是有點幫助的。

「唉唷！沛公這麼說就太嚴重了，」項羽本來對沛公恨得牙癢癢的，可是現在被沛公拍了一下馬屁，看到沛公又自稱為「小弟」，不由得語氣也比較客氣了些，「我聽到關於沛公的事情，不是我手下的人說的，而是您身邊的曹無傷說的啊！他說您對關中的百姓很壞，讓百姓們過得很痛苦，我本來也不相信沛公您是這樣的人，所以才想要親自到關中去看看是不是這樣啊！」說得很好聽，「親自到關中去看看」其實就和「把你們這群在關中的一夥人都殺光」是一樣的意思。

「好啊，原來是左司馬曹無傷，看我回去怎麼修理你這個吃

裡扒外的傢伙！」沛公心裡大概是這樣想的，不過表面上還是一副笑嘻嘻的樣子。

「這樣吧！」項羽接著說，「我看也差不多該吃午飯了，沛公一路辛苦，不如就在這裡吃頓飯，我們也好久沒有一塊兒喝喝酒了！」

沛公看了看張良，張良微微的點點頭。於是沛公便帶著張良一同進到項羽的大帳內，準備吃這場「鴻門宴」了。

進了帳棚，項羽跟項伯坐在一起，范增坐在一旁，范增的對面是沛公，而張良則站在沛公的側邊，五個人剛好坐成了一個四方形，我呢？因為不是什麼重要的人，只能遠遠的站在帳棚門口。他們坐定之後，不免也是寒暄幾句，就開始吃喝起來。

過了一會兒，范增看項羽怎麼沒有什麼動靜，先是看了項羽

幾眼，後來實在忍不住了，就把手邊的玉佩拿起來，我想，玉佩的佩，跟沛公的沛同音，大概意思就是「別忘了要把沛公給解決掉！」

可是項羽還是沒有反應，繼續默默的喝酒。范增急都急死了，一連把玉佩舉了兩次，第三次還急得「啪」一聲把玉佩都給折斷了，我嚇了一跳，但項羽卻還是無動於衷。

范增看這樣下去就要讓沛公給溜了，於是跑到營帳外面把項羽的堂弟項莊找了來。其實，沛公有張良當軍師，項羽的軍師范增，也不是個省油的燈。他早就料到項羽一定會不忍心殺沛公，所以，看來前一天夜裡范增大概也把事情都跟項莊交代過了，要他在帳棚外，隨時待命。

「唉！籍兒真的不忍心殺劉邦！」范增沒有看到我也在門邊，

氣呼呼的對項莊說，「照昨天晚上說的，現在換你上場了。」說完就進了項羽的帳棚。

過了一會兒，項莊也進了帳棚，對項羽和各位賓客說道:「上將軍和客人們光是吃吃喝喝的，實在沒啥意思，晚輩在此為各位耍耍劍，娛樂大家一下。」

「好啊！」沛公正覺得悶呢！一聽到有人想要來炒熱氣氛，不免拍手叫好，哪裡知道項莊這下進來舞劍，就是要趁機把他的頭給砍下來啊！

項羽看了范增一眼，范增拿起那塊被他折成兩截的玉佩在胸前晃了晃，項羽轉頭對項莊說：「你就表演吧！」

項莊是個善於舞劍的高手，一把寶劍在他的手裡舞得虎虎生風，一旁的人都高聲叫好，誰知道項莊一面舞劍，一面慢慢的靠近沛公。按照范增的計畫，恐怕

是要讓項莊舞劍的時候，一個「不小心」就失手把沛公給殺了。

當項莊已經跳到沛公的面前，只要一個轉身，沛公的腦袋大概就要搬家了。就是再笨的人應該也看得出來項莊的意圖，沛公開始冷汗直冒，對著張良小聲的交談了兩句，從他的神情和嘴形，大概是說：「子房，排練的時候怎麼沒有這一段？」而張良卻只是搖搖手要沛公不要緊張。

就在這千鈞一髮的時刻，突然間項伯站了起來。搖搖晃晃的走到項莊的旁邊，一副醉醺醺的樣子說：「唉呀！年輕人，一個人舞劍多無聊啊！讓老頭子我來陪你一起玩玩吧！」

項莊愣了一下，還來不及反應過來，項伯已經拔劍迎了過來。你一劍我一擊的，項莊卻怎麼樣也刺不到沛公。張良看到這

裡，微微笑了一下，悄悄的起身，走到帳棚外。這個時候，樊噲早在門外等得不耐煩了。

「張先生！裡面情況到底怎麼樣了？我急都急死啦！老季還好吧？」樊噲焦急的問。

「放心放心！一切都在計畫當中，不過現在換你上場了，昨天跟你說的都還記得吧？」張良悠哉的說，好像完全不在乎帳棚裡面的沛公已經急得快要尿褲子了。

「記得記得！我都寫成小抄了，喏！你看！」樊噲拿出一小塊布，上面寫得密密麻麻的。

「好！快跟我來吧！再遲也許沛公就有危險了！」張良帶著樊噲進了帳棚。

守門的衛士看到樊噲一副殺氣騰騰，帶著劍和盾牌就要衝進帳棚裡的樣子，趕忙上前攔阻。可是他們哪裡是樊噲的對手，樊

噲拿起盾牌就把這兩個小兵給推倒在地上，大步踏進帳棚裡了。

這個時候，項莊和項伯兩個人舞劍正舞得熱鬧，突然闖進來這個一臉落腮鬍，又瞪著一雙大眼睛的陌生人，把大家都嚇了一跳。項羽看到樊噲，開口問道：「你是誰？」

張良站起來回答說：「啟稟上將軍，這位是沛公的隨從，樊噲。」

「好！壯士，喝杯酒吧！」項羽命令僕人端上酒，樊噲一口就喝光了。

「好酒量！來人！賞他肉吃！」僕人又端上肉來，樊噲就把盾牌放在地上當做桌子，把肉放在盾牌上，拿起劍來就切了肉吃。

「果然是位壯士！還喝得下酒嗎？」項羽再問。

「我死都不怕了，一小杯酒

算什麼？」樊噲回答說，「當初秦始皇暴虐無道，殺人不眨眼，又訂了很多不合理的法條來欺壓百姓，天下的人都苦不堪言，紛紛起來反抗秦的暴政。」樊噲停了一停，瞄了一眼手中的小抄，繼續說，「後來楚懷王和上將軍等諸侯們有約定，『誰先進入關中，攻破咸陽城的，就可以稱王』。講這句話的時候上將軍您也在現場，現在沛公進了咸陽城，皇宮裡面的寶物一點都沒有拿，下令封閉皇宮，不准別人進入，自己反而帶著軍隊到城外紮營，等待上將軍來接收咸陽城。之所以派人把守關口，無非是要防備盜賊趁機混入關中，絕對不是想要跟上將軍對抗。

「沛公這麼辛苦，不但沒有獲得什麼賞賜，反而上將軍還要聽信小人的話，想要謀害沛公，這樣跟那個暴虐的秦始皇有什麼

不一樣？樊噲覺得您這樣做是不對的！」

項羽聽了樊噲說的這些話，沉思了很久，什麼話也沒有說，只淡淡的說了聲：「壯士請坐！」於是，樊噲就坐在張良的旁邊，宴席又回復了平靜。

張良看時間差不多了，便對沛公使了個眼色，沛公知道這是什麼意思，便站起來說：「唉呀！真是不好意思，我酒喝多了就想要上廁所。不好意思啊！」邊說邊往外頭走。張良回頭看了我和樊噲一眼，意思就是要我們跟著沛公走出去。

「老李啊！來！我們從這個地方爬出去！」廁所上到一半，樊噲就說要帶沛公走。因為軍營中的廁所都是用木頭圍成一圈的小地方，樊噲把木頭敲了一個縫，讓我們可以鑽出去。

「這……恐怕不大好吧？我

們這樣沒說一聲就走了，不是有點不禮貌嗎？項羽一定會生氣的。」沛公猶豫的說。

「現在都這個時候了，還管什麼禮貌不禮貌？」樊噲急著說，「我們在這裡就像在砧板上的魚肉啊！人家已經拿了刀子要殺你了，你還管什麼禮貌不禮貌的？」

「那項羽那邊怎麼辦？」沛公還是不放心的問。

「唉呀！有張先生在，老季你就放心吧！」樊噲催促著說。於是我們和在營外等候的沛公部下們會合了以後，便從小路悄悄的溜走了。

張良怎麼辦？老實說我還真替他捏了把冷汗，要是項羽一氣起來，張良恐怕也難逃一死。回到營裡，我們等了好久，都不見張良的蹤影，心裡真是急死了。突然間營外傳來張良的笑聲，我們趕緊跑了出去，看著張良一副

輕鬆自在的樣子大搖大擺的走進來。沛公看到張良，便緊緊抓著他的手說：「還好子房你沒事，我真是急死了！你是怎麼逃出來的啊？」

「逃？何必逃呢？我本來還想要項羽派車子把我載回來呢！」於是張良便把我們離開之後發生的事情說了一遍：

原來，獨自留在帳棚內的張良，算算差不多我們已經離開鴻門好一段路了，即使項羽現在派兵追趕，大概也追不上了。於是便站起來對項羽說：「唉！真不好意思，啟稟上將軍，沛公酒量不好，剛才一高興多喝了幾杯，就醉得一塌糊塗了，他怕進來說錯了話，就讓我來跟上將軍您說聲抱歉，沛公先離開了。」項羽瞪大了眼睛看著張良，范增更是氣到不行。但張良並不害怕，繼續說：「沛公交代張良，帶了這一對

的白玉要送給上將軍。對了！」張良轉過身來，對范增說，「還有這一對玉斗，是要送給范大人的。」

「現在沛公人在哪裡呢？」項羽再問張良。

「嗯……，」張良歪著頭想了一下，說：「這樣算來，差不多已經回到軍營了。」

「好吧，回去也好……。」項羽喃喃自語的說。

可是范增脾氣就沒有那麼好了，也顧不得張良在一旁，便把那雙玉斗丟在地上，拔出劍來把玉斗砍得粉碎。轉頭對項羽說：「我剛才要籍兒你下手，你就是不肯，現在沒有機會了！你這樣等於是把老虎放回山上去了！將來劉邦一定會把籍兒你的天下奪去的，你等著看好了！」說完就氣呼呼的走了。

看到場面如此尷尬，項伯趕

緊出來打圓場，「唉呀！什麼天下不天下的，喝個酒講這些做什麼呢？來來來，子房，咱們兄弟倆好久沒有好好喝一杯了，咱們到我帳棚裡再喝他兩杯。」說完就連拖帶拉的把張良拉出帳外，只留下項羽一個人在帳棚內生悶氣。

張良出了營帳，自然也不敢留下來跟項伯喝酒，向他道了謝之後，就趕緊上馬回沛公的軍營去了。

「就這樣囉！」張良悠哉悠哉的說，「我不是說了嗎？沛公您一定可以平安回來的！」

「當時真是嚇死我了，你也沒有跟我講會有項莊出來舞劍啊！差點就被他給殺了。排練的時候根本沒有這一段！」沛公不免埋怨起來。

「呵呵！要是我跟沛公您說有這一段，您還會去嗎？」張良笑

著說，「我算準了項羽絕對不敢當著大家的面下令殺您的，不過范增一定也料到這一點，所以應該會派人用其他的方法對沛公您不利。而項伯這邊我已經告訴他了，希望他可以出來幫個忙，果然也沒有讓我們失望，對吧？

「至於樊噲，以他的膽量和武力，確實有辦法把沛公您平安救出來的，所以我說嘛！放心啦！」

「唉唷！」沛公搖搖頭說，「你說得簡單，我可是嚇得心臟都要跳出來了！好在有你，不然我現在早就被曹無傷這小子給害死了。」說到這裡，沛公想起這一切的危機，都是曹無傷害的，立刻就下令把曹無傷殺了。而這場在鴻門的精彩酒席，就成了大家津津樂道的「鴻門宴」；這場宴席，也的確就像范增所說的，成了沛公與項羽勝敗的關鍵因素

了。

　　幾天以後，項羽帶著大軍浩浩蕩蕩的進入咸陽城，把子嬰殺了，並且放火燒了皇宮，大火燒了三個月才熄滅。而裡面的金銀財寶和宮女嬪妃則被項羽和部下們搜刮一空。聽說只要項羽部隊經過的地方，幾乎都是一片殘破不堪的景象，咸陽城的居民對項羽的殘暴真是氣極了，可是又不敢起來反抗他，只能默默的懷念當初沛公進城時對百姓的好，兩相比較之下，百姓都喜愛沛公更勝於項羽，而這幕後的功臣，自然非張良莫屬。

5

建立漢朝的大功臣

　　項羽洗劫了咸陽城之後，就帶著部隊回去見懷王，並且和各個諸侯尊稱懷王為義帝。項羽之所以這樣做，是因為他不甘心只當一個「上將軍」，可是他又不好意思直接稱王，因為這樣就跟懷王一樣，變成一個國家有兩個王了。所以他讓懷王當上皇帝，自己再稱王，就不會被其他的諸侯說閒話了。

　　項羽封自己為西楚霸王，而為了公平起見，他又封了很多諸侯為王，其中當然也包括了沛公。但是，項羽不想讓沛公待在富庶的關中，於是找了個牽強的理由，說偏遠的巴、蜀一帶地方，也算是關中的一部分，於是就把沛公封在那裡當漢王。巴、蜀一帶不但人煙稀少，就連交通

也很不方便，必須靠著在懸崖邊上架起的木板，才能進得去。這種木板築成的通道就叫做棧道。

沛公被封為漢王，雖然不怎麼情願，但總還是個掌管一塊半大不小地區的王，為了答謝張良的幫忙，漢王賞賜了許多的金子作為禮物。但是張良卻把這些金子都拿給了項伯，畢竟，要是沒有項伯在鴻門宴上的及時相救，恐怕現在也沒有什麼漢王不漢王的了。

當漢王準備到他的封地就任的時候，張良卻沒有打算和漢王一起去。

「子房，難道你也覺得這塊地方太差，不願意跟我一塊兒去嗎？」漢王問道。

「不是的，我只是想要回去老家看看，」張良繼續說，「依我看現在的局勢，義帝不過是項羽的一顆棋子而已，遲早會背叛義

帝的。到時候，我會再回來幫忙沛公的。」

張良停了一下又繼續說，「喔！對了，等您和部隊進了巴蜀之後，記得把棧道燒掉。」

「燒掉？」漢王不解的說，「燒掉我怎麼出來？這不是把我自己困住嗎？」

張良回答說：「不會的，我之所以希望您這樣做，是因為要使項羽覺得您沒有打算和他爭奪天下的心意，這樣他就不會花太多的時間來對付您。因為有許多的諸侯王都對項羽不滿，我估計項羽和其他的諸侯王之間還有好幾場仗要打。您燒了棧道，一方面讓項羽不急著和您決裂，一方面也可以趁他和其他諸侯王大戰的時候，好好增強自己的實力，訓練更多的軍隊。」說完了，張良就告別了我們，回到韓國去了。

為了幫助漢王轉移項羽的注

意，聽說張良還寫了封信給項羽，告訴他齊王正準備謀反的事情，因此項羽便急著出兵齊國，也沒有心思去管漢王了。

隔了沒有多久的時間，項羽找了個理由把韓王降級成為侯，最後又把他殺了，所以整個韓國等於被項羽併吞了。張良雖然氣憤，但看時機也差不多了，於是又千里迢迢的跑來見漢王。

「漢王您近來過得如何啊？」張良很有禮貌的問。

「還可以啦！這裡雖然偏僻，但是土地還算肥沃，吃喝還不成問題。雖然偶爾有些盜賊土匪的，但是還不算什麼威脅啦！」

「那您有沒有打算下一步要怎麼辦呢？」

「下一步？我還沒有想到呢！我只想安安穩穩的當我的漢王，反正不愁吃不愁穿的，也還愉快得很！」漢王回答說。

　　「可是我看好日子不長了！」張良搖搖頭說。

　　「這話怎麼說呢？」漢王緊張的問。

　　「我看項羽最近不斷的找理由把諸侯王滅掉。名義上是為義帝除去反叛的人，實際上他也不聽義帝的命令，甚至把義帝軟禁起來。我看他遲早會把義帝殺了而自稱皇帝的。到時候漢王您就算躲在這邊，恐怕也不會安全的。」張良把天下大勢分析給漢王聽，漢王雖然安於現狀，但是也絕不會不知居安思危的道理，因此漢王便接受張良的建議，開始擴張勢力，暗中出兵奪取了關中，準備和項羽對抗了！

　　事情果然如張良所預料的，項羽沒有多久便殺了義帝，這讓許多諸侯王都相當生氣，紛紛起兵討伐項羽，要為義帝報仇。漢王也把握住這個機會，寫信給各

個諸侯王，表示願意加入討伐項羽的行列。

不過，當時項羽的勢力相當龐大，軍隊戰力又強，很多諸侯都不是他的對手，紛紛吃了敗仗。緊接著，漢王的部隊也被項羽的大軍圍困住了，這下漢王開始緊張了。

漢王手下有一個人名叫酈食其，向漢王提了一個建議：「我倒是有一個辦法可以削弱項羽的勢力。」

「喔！有辦法就快說！」漢王這時很著急，而張良又正好不在身邊，所以只要有辦法，都願意去試試看。這就叫做「病急亂投醫」。

「以前商朝的開國君主湯，打敗了夏朝的昏君桀，還是給桀的後代一塊土地可以居住；周武王討伐商朝的紂王，也一樣把他的後代封為諸侯。後來的秦始皇

卻沒有這樣做，反而把六國的後代都變成了平民百姓，所以大家才會這樣反對他。」酈食其是個書生，講起話來都要引經據典的，漢王聽得不耐煩了，打斷他的話說：「你到底要說什麼？快把方法講出來啊！」

「微臣的意思是，如果漢王您能恢復以往六國的後代，發給他們各國的印信，他們一定會很感動的，這樣他們就會紛紛來支持您，而不會去支持項羽了。」各國原本都有自己的印信，就是所謂的「傳國玉璽」這一類的東西，雖然不過是一個印章，但是卻代表了一個國家的存在。所以酈食其才會覺得這樣做會讓各國的後代十分感動。

「這樣做真的有用嗎？要不要問問張良的意見？」漢王不放心的說。

「我想張先生一定會支持

的，漢王您不能只靠張先生一個人啊！我相信我的計策一定比張先生高明許多。」酈食其驕傲的說。

「好吧！就照你說的，去刻幾個印章吧！」漢王只好照著他的話去做了。

印章刻好了，酈食其還沒有出發前去遊說各國。張良恰巧回來了，我把酈食其對漢王說的話，跟張良說了一遍，張良一聽歪著頭想了一想，說：「這是什麼鬼點子！」於是便帶著我很緊張的去見漢王，這個時候，漢王正好在吃飯。

「唉呀！子房，你來得正好，有人幫我想出了好辦法可以對抗項羽。」於是，漢王又把酈食其的計策對張良說了一遍。

才說到一半，張良就打斷漢王的話說：「要是漢王您照著這個鬼點子去做，那就完蛋了啊！」

「怎麼會這樣呢？你倒是說清楚啊！」漢王著急的問。

「就讓我拿桌上的筷子來跟您說吧！」張良上前從筷筒裡抽了幾根筷子，拿了一根出來，對漢王說：「商湯給了桀的後代一塊土地，那是因為商湯知道他可以取桀的性命，現在漢王您能取項羽的性命嗎？」

「不行！」漢王搖搖頭。

「啪！」張良折斷了一根筷子，說：「這是酈食其的計謀辦不到的第一個原因。他的比喻根本不對。」

「那麼，」張良接著說，「武王封紂王的後代為諸侯，那是因為武王可以砍掉紂王的腦袋，現在您能砍掉項羽的腦袋嗎？」

「不行。」漢王又搖搖頭。

「啪！」張良又折斷了一根筷子，說：「這是酈食其的計謀辦不到的第二個原因，他根本搞不清

楚狀況。那麼，周武王取得天下，表揚了商朝的忠臣，替他們修築了墳墓。現在您能重修列國忠臣的墳墓，表揚他們的事蹟嗎？」

「不行，我又不是皇帝，怎麼辦得到呢？」漢王又搖搖頭。

「啪！」張良又折斷了一根筷子，說：「這是酈食其的計謀辦不到的第三個原因，他沒有搞清楚您只是一個諸侯王而已。」

「再來，」張良又拿起一根筷子，「周武王滅了紂王以後，把紂王糧倉裡的糧食，以及紂王寶庫內的錢財，發給那些窮困的百姓，以您現在的情況，可以辦得到嗎？」

「當然不行，我不過是一個小小的漢王而已，哪裡有這個能力呢？」

「啪！」張良又折斷了一根筷子，說：「這是酈食其的計謀辦不

到的第四個原因，他不瞭解您現在的處境。」

「那麼，」張良再拿起一根筷子，說：「周武王滅了商朝以後，把那些用來打仗的軍車，都改裝成平常乘坐的車輛；把兵器都收了起來，表示不再動用武力。以現在您和項羽之間的關係，您有可能向天下說不再動用武力嗎？」

「這不大可能吧！」

「啪！」張良又折斷了一根筷子，說：「這是第五個原因。再來，周武王把那些用來打仗的戰馬都趕到別的地方去放牧，表示不再用戰馬了。您也可以這樣做嗎？」

「嗯……以現在的情況來看，是不可能的。我自己的戰馬都不夠了，還放走戰馬，怎麼可能！」漢王慢慢瞭解張良的意思了。

「啪！」張良又折斷了一根筷

子，說：「所以，這是第六個原因。再說牛吧！周武王把運輸糧草用的牛都放牧到別的地方去，表示不再用這些牛來運輸戰爭用的糧草了……。」

「啪！」漢王自己抓了一根筷子來，折斷了，說：「我不可能像周武王一樣，這是第七個原因，對嗎？」

張良笑了笑，繼續說：「您看看周遭跟隨您的人，哪一個不是捨棄了自己的親人，跟隨您奔走天下的？他們不過就是希望您有一天成了大事，就可以分到一塊小小的封地。如果現在您用這些印信把六國都恢復了，那這些跟隨您的人就各自回去他們自己的國家了，誰還願意跟隨您一同奪取天下呢？六國各自被封立，只會讓他們投靠強大的項羽而已，怎麼可能讓他們投靠您呢？」

「啪！」張良又折斷一根筷子，然

後把這八根折斷的筷子在漢王眼前晃了晃，「就因為這八個理由，酈食其為您設想的計謀，真是個爛點子！不但幫不了忙，還壞了您稱霸天下的大事啊！」

「可惡的書呆子！差點把我的大事毀了！」漢王生氣極了，把桌上的飯菜全推倒在地上，碗盤乒乒乓乓掉了一地。之後，漢王立刻下令銷毀那些印信，也不准酈食其再去對六國的後代說些什麼了。

雖說張良阻止了酈食其的計謀，但是漢王被項羽圍困的危機，還是沒有解除。而先前被漢王派出去的大將韓信，又正在外頭與齊國征戰，遲遲沒有消息，真是把漢王給急死了。

正在焦急的時候，突然傳來韓信派了使者前來的消息，讓漢王高興極了，他想，一定是韓信在前方打了勝仗，準備回來救自

己的。

　　使者帶了一封信來，漢王打開信一看，差點沒有氣暈過去。信裡面是這樣寫的:「啟稟漢王：我把齊國平定了，但是您也知道，齊國人總是很狡猾的，常常這下說投降，等會兒又反悔。齊國的南邊又跟項羽的領土接在一起，難保他們不會一起合作。所以微臣認為，我們應該立一個代理的齊王來管理齊國的百姓，不然很難管得住這些人。不如這樣吧！微臣來當代理的齊王，就叫我『假齊王』吧！」

　　「這個可惡的韓信！」漢王氣得大罵，「我現在被圍困在這裡，還希望你來解救我，結果你還想要當個什麼假齊王？難道你還想要跟我平起平坐不成?」

　　就像之前項羽想要稱王，但是卻因為擔心和楚懷王同樣為王，會讓其他諸侯反對，所以項

羽先尊稱懷王為義帝。可是現在韓信先稱自己為王，管他是真的假的，都是對漢王的一大不敬。所以漢王才會這樣生氣。

張良這個時候剛好站在漢王的身邊，看到他這麼生氣，就用力的踩了一下漢王的腳，漢王回頭瞪了張良一眼，一副就是臉上寫著「這個時候你還敢來惹我」的樣子。正當漢王要開口連張良一起痛罵的時候，張良彎了腰在漢王的耳朵邊悄悄的說：「現在的情勢對我們不利，外面有項羽的大軍，裡面還有像韓信這樣等著背叛您的人，更何況韓信人遠在齊國，您要管也管不到，不如就趁機順了韓信的意思，要他好好守住齊國。不然也許他一下不高興投靠了項羽，豈不是又多了一個敵人嗎？」我當時站在使者身邊，並沒有聽到這句話，這是後來張良告訴我的。

「咳！咳！」漢王聽完了張良的話，好像恍然大悟的樣子，故意乾咳了兩聲，接著說：「當假王有什麼了不起的，要當就要當真王啊！你回去告訴韓信，我現在就封他為齊王，別再玩什麼真不真假不假的了！」於是派遣了張良代表自己到齊國去封韓信為齊王。韓信當然高興了，但是張良也不忘對韓信再三告誡，分析當前的局勢給他聽，要他當了齊王之後，還是得派兵來幫助漢王。對韓信而言，本來只是想要一試探一下漢王的心意，這下當了齊王，韓信也不好意思背叛漢王了，於是立刻派兵前去幫助漢王。

韓信曾經在項羽的軍隊中當過小兵，他有很多帶兵打仗的構想，但是項羽看他是個小兵，連理都不想理。後來韓信乾脆就投奔到漢王的陣營當中了。一開

始，韓信也沒有受到漢王的重用，但是因為漢王的謀臣蕭何看出韓信有不一樣的特質，於是將他推薦給漢王，封為大將軍，後來果然沒有辜負蕭何的期望，成為漢王手下一個得力的戰將。韓信本來就是一個善於用兵打仗的人，因此他一加入這場戰局，馬上讓項羽倍感壓力，不免有點害怕了。於是項羽派了人去遊說韓信，希望他不要幫助漢王。使者說：「百姓們被秦朝的暴政壓迫了那麼久，好不容易可以恢復正常的生活，各個諸侯王各自在自己的封地也都相安無事。可是漢王卻不這麼想，他只想著要不斷擴張自己的領土，搶奪別人的土地，根本就是想要恢復秦朝時候統一的天下，然後自己來當皇帝。

「請您想一想，這樣一個貪心的人呢，怎麼可以相信他呢？而

且漢王又是個膽小鬼，好幾次都差一點被項羽所殺，但是因為項羽太仁慈了，所以最後都放漢王一條生路。可是哪裡曉得每次漢王一獲得自由，馬上就背叛了項羽。這樣一個不講信用的人，您何必還要追隨他呢？不如請您和項羽一同對抗漢王，這樣至少可以三分天下，您一份，項羽一份，漢王一份，大家相安無事，不也是挺好的嗎？」

　　韓信聽了這段話，笑著回答使者說：「我當初在項羽手下做事，不過是當個小兵而已，說什麼話項羽都當做耳邊風，聽都沒有聽到。可是我到了漢王那邊，漢王讓我穿他的衣服，吃他的食物，聽我的建議，用我的計策，不但封我為大將軍，還讓我當了齊王，這就表示他對我的信任。如果現在我背叛了他，將來就算我可以和你們三分天下，天下的

人也都會笑我是個忘恩負義的人。所以請你回去告訴項羽，我是不會接受他的建議的。」

這次的遊說算是失敗了，但是項羽並不死心，還是不斷的找人去說服韓信，希望他可以背叛漢王，轉而支持項羽。不過，無論是威脅還是利誘，韓信都沒有答應項羽的要求，仍舊繼續派兵攻打項羽的部隊。

這些遊說的內容，都傳到了漢王的耳中。漢王聽到韓信對項羽的回覆，都是支持自己的話，讓他放心不少，想想，還好當初聽了張良的話，把韓信封為齊王，不然現在可能又給自己樹立一個敵人了也說不定。正在慶幸的時候，卻傳來漢王的爸媽和老婆小孩都被項羽捉住的消息。

這下真的麻煩了！項羽對著漢王的陣營喊著說：「你要是不投降的話，我就把你爸爸給煮來

吃！」漢王急得像熱鍋上的螞蟻，在營帳內走來走去，不知道該怎麼辦才好，趕緊跑來找張良商量對策。

張良歪著腦袋想了一想，對漢王說：「等會兒我和您一塊出營去，我說什麼您就對項羽說什麼。」

「好吧！」漢王也沒有辦法，只能聽張良的話了。

出了營門，張良說一句，漢王也跟著說一句：「項羽兄您好啊！」（我在一旁心想：「這個時候還問什麼好？」）

「不曉得項羽兄還記不記得當初懷王任命我們的時候，不是叫我們要當生死與共的好兄弟嗎？」（「現在還提以前做什麼啊？人家的爹都快被煮熟了！」）

「既然，我們是兄弟，那麼，我的爹，就是項羽兄你的爹爹囉！」（「這是什麼邏輯啊！」）

「好！既然我爹是項羽兄的爹，那現在項羽兄你要煮了你爹，記得要分我一碗肉湯啊！」（「這是什麼話！」）

漢王瞪大眼睛看著張良。可是在沒有更好的辦法以前，也只能聽張良的話了。最後一句話說完，項羽真的氣死了，我們遠遠的看著項羽抽出刀來，準備要把漢王的爸爸給砍了，但是幸好在一旁的項伯跑出來阻止，才救了老人家的一條性命。

項伯說了什麼才救了漢王的爸爸呢？後來我們才知道，原來項伯出來阻擋了項羽，並且說：「籍兒你要是現在真的殺了劉邦的爹，將來傳出去，人家會說你不但贏得不名譽，還不顧親情，對你來說不見得有幫助啊！」

而項羽也不是個光會打仗的笨蛋，於是又把漢王的爸爸關進大牢中，雖然沒有逃離項羽的掌

中，但是至少讓漢王鬆了一口氣。張良又再度幫漢王化解了一次危機。

漢王和項羽之間的大戰，就這樣持續了好長一段時間，有時候漢王打勝仗，有時候項羽占上風，但不論是哪一個陣營的士兵，都對戰爭感到很疲累了。他們兩個人看這樣下去也不是辦法，於是雙方開始討論是不是可以想出一個解決之道，早早結束這場戰爭。

討論的結果，是把天下分成兩部分，一半歸給漢王，稱做「漢」；一半分給項羽，叫做「楚」，中間以鴻溝這條運河當做分界線。後來我看營裡面有幾個小兵，拿了塊木板畫上一些格子，中間寫著「楚河漢界」四個大字，然後放上黑色和紅色的棋子，他們稱這個叫做象棋，玩起來也挺精彩的。之所以會想到這

個點子，他們說就是受到漢王和項羽立約的啟發。

既然都說定了，項羽為了表示善意，把漢王的家人都還給他，然後就帶著大軍，準備回去南方當他的楚王了。

項羽出發了以後，漢王也打算要回去了。但是張良卻急忙去找漢王，我感到很好奇，天下不是太平了嗎？為什麼張良還是一副緊張的樣子？所以也就跟著去了。張良對漢王說：「漢王，您要奪天下，就要趁現在啊！」

「什麼意思呢？」漢王看來還搞不清楚張良的意思。

「現在您已經掌握了大半的天下，大部分的諸侯又支持您而反對項羽。現在項羽的軍隊因為糧食不夠才願意跟您講和，把天下分成兩半。可見這是老天賜給您的好機會！如果我們不趁著這個機會攻打項羽，等項羽回到老

家，把糧草準備好了，又會再來攻打您，到時候天下不就又是一片混亂了？」

漢王雖然贊同張良的說法，但是現在回頭去攻打項羽，豈不是違背了和項羽才剛訂好的盟約嗎？所以一直下不了決心。張良看出漢王心裡的難處，便問漢王說：「難道您不要天下了嗎？」

「怎麼會不要呢？」漢王喃喃自語的說，「當初我看到秦始皇出巡的隊伍，我就希望將來有一天也可以像他一樣。現在不就只差一步而已嗎？」於是，漢王用刀子在桌上刻了「天下」兩個字，然後一拍桌子，下令部隊立刻向項羽進攻。項羽沒有料到漢王會這麼快就反悔，來不及應變，打了敗仗，之後更是節節敗退，最後逃到烏江的旁邊，自殺而死。

就在劉邦當上漢王的第五年，天下再度回歸到秦始皇時期

統一的局面。這個新成立的國家叫做漢，而漢王，就成了當今漢朝的第一個皇帝。

當上了皇帝以後，第一件事情當然就是要感謝張良了。張良雖然沒有什麼戰功，也不曾帶軍隊出去打仗，但是皇上卻當著所有人的面前說：「在我部下當中，唯一能夠坐在營帳內幫我出主意，把千里外的勝負算得精確無比，除了張良，再也沒有別人了。」這就是為什麼我們老是說張良可以「運籌帷幄之中」，又可以「決勝千里之外」的原因。

「所以，」皇上繼續說：「張良可以在齊國隨便找三萬戶，在那裡當諸侯。」按照我們以前的規矩，諸侯被封到一個地方，住在那裡的百姓就得將他們的收成交一部分給這位諸侯。所以封的戶數越多，表示他的收入越多；封的地方越好，表示他的收入越

好。而齊國就是個很富庶的地方，三萬戶，也的確不是個小數目。

不過，張良卻不願意接受。他說：「微臣從下邳出來，後來在留郡和陛下相遇，一直到陛下取得天下，都是上天賜給陛下的，並非我張良的功勞。雖然陛下偶爾靠著微臣的計謀取勝，不過那也只是微臣比較好運而已。微臣願意到留郡當個小差，當做陛下與微臣之間見面的紀念，微臣也就心滿意足了；至於三萬戶，微臣看就不用了。」推辭了很久，皇上只好照著他的意思，分封張良為留侯。

可是並不是每個功臣都像張良這樣謙虛的。很多人都在皇上面前爭功勞，這個說曾經在哪裡哪裡幫了皇上一個忙，那個說曾經在哪裡哪裡獻上一個妙計，還有陪皇上喝酒的，唱歌的，一起

賭博的，都來要功勞了。

「這該怎麼辦呢？」皇上在皇宮裡走來走去，不知道該怎麼樣才能分得公平。

「陛下現在在煩惱什麼呢？」張良看皇上整天悶悶不樂的，於是便來向他請安。

「喏！你看！」皇上指著皇宮外面一群一群的諸侯將領們都圍成一小圈一小圈的在竊竊私語。

「這些人不知道在說些什麼？不知道是不是覺得自己分配到的獎賞太少？還是地位太低？」

「他們啊？」張良裝得一副很神祕的樣子，壓低了聲音對皇上說：「他們在準備叛變！」

「叛變？！」皇上嚇了一大跳，我在一旁聽到了，也是一樣睜大了眼睛看著張良。皇上好不容易才從項羽手裡搶到的天下，現在又有人要叛變，這不是件開玩笑的事情。「天下不是好不容

易才安定下來的嗎？他們怎麼還要叛變呢？」

「陛下您從一個平民百姓當上了皇帝，又封了許多的諸侯，但是這些都是您親近的老朋友，而那些有罪被您殺掉的，都是您以前的仇人。這下子麻煩了，所有的文武官吏們都會想，要是自己之前曾經得罪了您，哪天說不定也會被抓去殺頭的。所以為了自保，才會想要叛變啊！」

「那我該怎麼辦呢？」

「陛下您有沒有最討厭的人，而且大家都知道您最討厭這個人？」張良問。

「嗯……，」皇上想了想，「有一個叫雍齒的傢伙，他常常羞辱我，讓我很難堪。我早就想殺了他，但是他的功勞又很多，實在找不到理由殺他。」

「那麼，就請陛下您先封雍齒為侯，群臣看到您最討厭的人

都被您封侯，自然也就不會擔心自己的安危了。這樣也就不會有人想要叛變囉！」

皇上覺得張良說的很有道理，於是便擺了宴席，封雍齒為什方侯，並且交代負責評定群臣功勞的丞相和御史趕快把大家的功勞和獎賞成績標準定出來，好讓大家安心。

大臣們看到雍齒也被封為侯了，都放心的說：「連雍齒都可以被封為侯，那我們就都沒有危險啦！」

6 你爭我奪的
太子保衛戰

　　過了幾年沒有戰爭的日子，整個漢朝的百姓在安穩的環境中生活，日子也慢慢的富裕了起來。皇上呢？自從當上了皇帝以後，真是威風極了，走到哪裡都有人服事，每天過著茶來伸手、飯來張口的悠閒日子。

　　皇上有一個妃子，大家都稱她為戚夫人。因為戚夫人既會唱歌，又會跳舞，長得年輕漂亮不說，對皇上又非常溫柔，因此皇上自從娶了戚夫人之後，每天都離不開她的身邊。皇上和戚夫人生了一個兒子叫如意，年紀還很小，皇上為了讓戚夫人高興，就把如意封為趙王，後來也不知道是哪裡傳來的謠言，說皇上打算要把趙王立為太子。

　　立太子在帝王當中是一件很

重要的事情。太子是帝位的繼承人，一旦老皇帝死了，就是由太子來接任。我想大概是因為秦始皇當初沒有早點立太子，弄得死了以後被趙高這些奸臣立了個沒用的胡亥為皇帝，把秦國搞得烏煙瘴氣的。所以早在皇上還是漢王的時候，就已經立了自己的嫡長子劉盈為太子了。

我記得以前我們韓王立太子的時候，都會舉辦一個很隆重的典禮，一方面是要讓太子重視這個身分，平常行事為人都要有太子的樣子；一方面也是要昭告百姓，這個孩子就是未來的韓王。

既然立太子在諸侯國當中都算是一件重要的事情了，在帝王的家裡就變得更加重要了。不過皇室裡還有一個更麻煩的問題，就是太子的母親。太子的母親，不管她是不是皇帝的大老婆，只要她的兒子成為太子，母親自然

而然就成為了皇后，等皇帝死後，如果皇后還活著的話，就成了皇太后，地位與尊貴都在皇帝之上。

皇上本來有一個太太，是他在還沒有出來打天下的時候就娶過門的妻子。這個元配姓呂，所以我們私底下都稱她為呂后。呂后是劉盈的母親，也就是當皇上的爸爸被項羽抓去要準備下鍋的時候，一起被俘虜的那一家人。後來雖然一家大小隨著項羽的大敗而團圓了，但是卻也因為皇上娶了戚夫人而漸漸的疏遠。

因為呂后是皇上第一個正式迎娶過門的太太，所以劉盈是劉邦「正式」的長子，也就是皇上「正式」的繼承人。為什麼「正式」兩個字還要特別強調呢？在繼承的規矩裡面有分成「正式」和「旁出」兩種，因為許多有地位或是有錢的人，常常會娶很多

個太太，但其中只有一位稱作妻子，其他的都是妾。除非有特別的原因，最早娶的太太就是妻，妻所生下來的孩子，我們稱作「嫡子」，也就是正式的孩子；如果是妾所生下來的孩子，就叫做「庶子」，意思就是旁出的孩子。嫡子擁有比庶子更多的權力和好處，特別是嫡子當中的老大——大家都稱為「嫡長子」——他的身分和地位更是一個家庭裡面最重要的。嫡長子可以繼承父親大部分的財產，如果父親是諸侯王，嫡長子在父親死後就可以繼續擔任諸侯王。所以，嫡長子的重要性，可以想像得出來；特別是皇帝的嫡長子，那就更是重要得不得了。除非嫡長子有了什麼意外，否則嫡長子都是名正言順的太子。所以，我常聽我的父親和長輩們說，為了爭奪太子的位子，這些王室之中，常常都會

發生一場又一場的太子保衛戰；不僅如此，在皇室裡面，這也是一場又一場的「皇后保衛戰」和「太后保衛戰」呢！

這下子皇上為了讓戚夫人高興，想要把太子廢掉，這對呂后來說，是件天大的事情。正在不知所措的時候，有人向她建議說：「不妨問問留侯吧！當初皇上總是靠著留侯的計策，才死裡逃生的，也許，留侯也可以幫您想出辦法來。」

於是呂后託人來找張良，那個時候我正好在張良的家中和他下象棋。張良去了好久才回來，我問了他事情的經過，原來是這樣子的：呂后一見面就對張良說：「子房，」呂后和張良也算是老朋友了，所以見面也就不那麼多禮了，「你總是幫著你李哥哥想好點子，這下他要換太子，你怎麼一聲也不吭呢？」

「啟稟皇后，」張良恭敬的答道：「您也知道皇上用微臣的計謀，都是以前在打仗的時候，現在天下太平了，皇上也不大需要我們這些老臣了。更何況，立太子是您們的家務事，就算我們有意見，也沒有我們插嘴的餘地啊！」

「就當我求求你吧！子房，你知道廢太子之後的影響有多大，千萬要保住太子啊！」呂后苦苦哀求著說，我想她其實是比較擔心能不能保住自己皇后的位子。

「嗯……，」禁不住呂后苦苦的哀求，張良歪著頭想了一想，說：「光靠我們對皇上說是不夠的，必須要靠有力的人願意出面幫忙才行。」

「有力的人，你是說誰呢？」

「天下有四個人，是皇上希望請來輔佐自己的，但是這四個

人脾氣很怪，皇上怎麼請都請不來。」

「怎麼會有人不願意當官，享受榮華富貴呢？」

「呵呵！確實是有這四個人，」張良笑著說，「這四位老先生，覺得皇上是平民出身，對人都很不禮貌，因此躲在商山之中，不肯出來為官。所以大家都稱他們為商山四皓。」

「商山四皓？這我聽過，是不是東園公、綺里季、夏黃公和角里先生四位先生？」我插了嘴問道。

「是啊！是啊！老賈，想不到你還挺關心天下大事的呢！」張良笑著說。

「怎麼？」我不服氣的說，「你以為我成天只會在家裡下棋跟泡茶嗎？你快繼續說吧！我不插嘴就是了。」

「這商山四皓是皇上想請都

請不到的人才，」張良繼續對呂后說，「如果您能請到他們來這裡作客，常常跟太子相處，皇上看到了，一定會覺得太子可以請到商山四皓，肯定具有不一樣的特質，這樣對太子在皇上心中的地位，一定會有加分的作用。」

「可是連皇上都請不到的人，太子怎麼可能請得到呢？」呂后問道。

「這可不一定喔！太子不像皇上那麼粗魯，在外面的名聲也不錯，如果您願意拿出一些珍藏的寶物，然後請太子寫一封信，很客氣的邀請商山四皓來京城作客，然後再請一個機靈一點的人做使者，我想應該不難吧？」張良說。

「這樣真的可以嗎？」我懷疑的問張良。

「那咱們就等著瞧囉！」張良笑著說。

　　為了保住太子和皇后的位子，呂后真的要太子殿下寫了一封文情並茂的信送給商山四皓，這四個人原本就聽說太子賢能，所以便一同下山來，住在呂后的哥哥建成侯呂澤的家中。

　　沒想到還沒讓商山四皓陪著太子一起出現，皇上就接到九江王黥布背叛的消息。這個時候皇上正好病了，而且病得不輕。皇上想了想，就說：「要不然派太子去平亂吧！」

　　太子出兵去平亂，其實並不是什麼了不起的事情，秦始皇的兒子扶蘇也曾經被派去打過仗。可是就在這個太子快被廢掉的時候，皇上提出這樣的想法，讓人不免會聯想到：皇上希望太子戰死，然後就可以名正言順的立趙王為太子了。

　　張良把這個想法跟商山四皓討論了許久，四位老先生裡的東

園公便對呂澤說：「一般來說，皇帝都會保護他的繼承人，所以不會讓太子去危險的地方。現在皇上要派太子出兵，太子恐怕是凶多吉少了。再說，如果太子這次出兵，就算是打贏了，皇上也不會給他什麼獎勵，要是打輸了，難免不被皇上處罰，說不定因此丟了太子的位子。更何況太子帶的這些將軍們，各個都是陪皇上打天下的人，怎麼可能聽太子的命令呢？這不是讓一隻羊帶一群狼去打獵嗎？」

角里先生接著講：「對啊！人家不是都說，如果母親得到寵愛，父親一定對她的孩子疼愛有加。現在戚夫人總是陪著皇上，所以皇上對趙王的愛，一定遠遠超過對太子的愛。看來太子的地位真的很危險囉！」

「那我們該怎麼辦？」呂澤聽四人這樣一說，不免也緊張了起

來。畢竟太子被廢了的話，一連串的連鎖反應，也是會掃到他們呂家人的。

「您可以建議皇后，找機會對皇上這樣說……。」商山四皓就對呂澤交代了幾句話，而且要呂澤轉告呂后，一定要哭著說才有效。

後來，我們聽宮裡面的人講，呂后聽了呂澤的話，趁著戚夫人不在，就跑去找皇上，還沒開口，就「哇」的一聲哭了出來。

戚夫人不在身邊，皇上身體又不舒服，這下又來個哭哭鬧鬧的呂后，皇上真是煩死了，便對呂后說：「你有話好好說嘛！哭什麼哭？」

呂后這才一邊啜泣，一邊對皇上說：「九江王是天下有名的猛將，當初跟著季哥哥東征西討，很少打過敗仗。現在季哥哥身旁

的將領，不都是九江王結拜過的好兄弟嗎？這樣，盈兒帶這些將領去打九江王，他們怎麼肯聽盈兒的話呢？而且九江王一聽到是盈兒帶兵，一定會高興得不得了，馬上就帶著那些反叛的人往季哥哥您這裡來的。季哥哥您現在雖然病了，但是您要是肯親自上陣，您的部下一定會為您賣命的，這樣雖然苦了季哥哥，但是卻保護了我們的盈兒啊！」

「哼！我就知道劉盈這沒出息的小子，一定會找一堆理由。真沒用！我年紀一大把了，還要這樣東奔西跑，我像他這個年紀的時候早就自己在外面工作了，哪像他成天在家好吃懶做的！」

罵歸罵，最後皇上還是自己上戰場了。

皇帝自己上戰場，這叫做「御駕親征」，通常是很少見的事情，這下皇帝要前去平亂，文

武百官沒有人敢不出來送行的，大家在壩上為皇上送行，把小小的山頭擠得水洩不通，黑壓壓的一片。張良雖然身體不舒服，但還是勉強出來送行。張良對皇上說：「微臣應該陪您一起去的，但是微臣真的是心有餘而力不足啊！陛下此行要多保重！」

「唉！沒有子房陪朕，總覺得少了些什麼，不過你放心啦！朕還可以撐得下去。」皇上病懨懨的說。

「陛下這次出征，誰留守關中呢？」張良問。

「這⋯⋯我倒是沒有想到。」皇上當了皇帝之後，很少再外出征戰了，所以這次出門，誰留守顧家，他倒是忘記安排了。

「不如就派太子吧！請陛下封太子為將軍，讓他試著管理一下關中的部隊吧！」張良趁機建議道。

「唉……既然子房你都這麼說，就依你的意見吧！」本來講到太子就有氣，但是連張良都這麼支持太子，看來皇上也沒有話說了，於是下令太子為將軍，管理關中的部隊。然後率領軍隊浩浩蕩蕩的出發了。

黥布沒有多久就被皇上打敗了，畢竟御駕親征，誰敢不努力呢？不過這下反而讓皇上的病更重了。戚夫人看到皇上一天比一天衰弱，深怕他哪一天突然就說「再見」了，到時候要是趙王沒有當上太子，他們母子倆恐怕也難逃一死。畢竟對呂后而言，戚夫人母子就像她背上的刺一樣，恨不得立刻就把他們給拔下來。

「唉唷！你不知道，戚夫人從早到晚都在跟我說立太子的事情，我煩都煩死了！唉，乾脆就立如意為太子吧！」皇上對身旁的人這樣抱怨著。

　　張良聽到這個消息，趕緊去見皇上。可是皇上卻以生病當理由，處處躲著張良，最後，連張良所寫的奏章都不看了。

　　過了一陣子，皇上的病好了一些，打算舉辦個宴會，也當是慶祝打敗黥布的慶功宴，更重要的，便是宣布改立如意為太子。張良立刻去見了呂后，告訴她這是保住太子最後的機會，並且和商山四皓這四位長者深談了許久。

　　一轉眼，宴會的日子就到了，因為皇上本來想趁著這個機會宣布廢掉太子殿下，改立趙王為太子，所以這一天，戚夫人特別高興，打扮得格外漂亮，陪同著皇上一起出席這場「立太子」的慶功宴。

　　太子殿下早就帶著商山四皓來到會場了，雖然皇上對他不怎麼喜歡，但是卻對太子身後的這

四個老人感到很好奇。商山四皓的年紀加起來已經超過三百二十歲了，每個人都是一頭白髮，鬍鬚和眉毛也都一片白茫茫的，不知道他們穿起紅衣服和黑靴子以後會變成什麼樣子？我覺得應該會蠻受孩子們的歡迎吧？

皇上很好奇的問：「請問四位老先生是誰啊？為什麼朕從來沒有看過您們呢？」

商山四皓於是上前，對皇上作了自我介紹。

皇上一聽，嚇了一大跳！這不就是我千請萬請都請不到的人嗎？趕緊繼續問：「四位老前輩不正是朕求了好多年都不願意下山來的四位先生嗎？當初朕用大筆的金銀財寶想請您們下山，您們理都不理朕，為什麼現在會出現在太子的身邊呢？」

商山四皓中的東園公回答說：「啟稟陛下，實不相瞞，我們

四人當初拒絕陛下您的邀請，實在是覺得您總是瞧不起我們這些讀書人，動不動就辱罵您身邊的臣子，我們決定不要到您的身邊受您的侮辱，所以才躲起來的。

「現在，我們知道太子是個仁慈孝順的好孩子，對我們又相當的恭敬有禮貌，天下賢能的人，哪個不願意為太子效力呢？所以我們這才下山來啊！」

這些話，像雷一樣打在皇上的身上，讓他久久說不出話。最後，皇上向商山四皓深深的一鞠躬，對他們說：「請四位好好輔佐太子，我大漢的天下就靠您們四位了！」

後來，皇上送走了商山四皓，回頭對戚夫人深深的嘆了一口氣，說：「我想要廢太子，但是商山四皓卻願意輔佐太子，太子的羽毛已經長齊了，翅膀也已經長硬了，朕已經沒有辦法把他廢

掉，愛姬，對不起。」皇上聳聳肩，又嘆了一口氣。

原本帶著歡歡喜喜心情來等著看兒子被立為太子的戚夫人，聽到這個消息，當場淚流滿面。因為她知道，皇上的這句話，等於是宣判了自己和趙王的死刑，後來的歷史，也就像戚夫人所預料到的，在皇上死後，趙王被毒死，戚夫人甚至被呂后用更殘忍的方式害死。而這場太子保衛戰，在張良的計策下，終於畫下句點，誰也改變不了太子殿下繼任為皇帝的事實了。

7 與黃衣老人的重逢

　　結束了這場太子保衛戰，張良便對皇上表示，希望可以回家鄉養老。可是皇上不同意，他說：「難道子房你覺得我給你的獎賞太少？還是說爵位太小嗎？」

　　「呵呵！當然不是，」張良笑著說：「陛下還記得您剛當上皇帝的時候，想要立誰為相國嗎？」

　　「我當然記得，那個時候我一直希望子房你可以當朕的相國，繼續來幫助朕，可是你卻一直不肯，反而要朕任命蕭何當相國。怎麼？你後悔了嗎？還是你在埋怨朕呢？」

　　「不是的，」張良搖搖頭，「微臣的家從好幾代以前就是韓國的相國了，後來韓國被秦國給滅了，我把所有的家產都變賣了，為的只是去雇一個殺手要暗

149

殺秦始皇，最後還是失敗了，而且差點還丟了小命。

「後來微臣靠著自己一點點的小聰明，偶爾幫忙陛下您出點餿主意和鬼點子，卻被您封為諸侯，對一個平民百姓來說，已經是很了不起的事情了。對微臣來說，能夠與陛下您一起共事，就是微臣這一生當中最值得驕傲的事情。所以，微臣怎麼會在乎爵位高不高、獎賞多不多呢？

「微臣只是覺得，天下已經太平了，陛下可以好好的當皇帝，更何況，您周遭還有那麼多優秀的大臣可以幫您的忙，微臣年紀大了，該換這群年輕小伙子出來幫忙陛下了，微臣現在只想要回到老家，每天種種花，遛遛鳥，過過悠閒的生活。」

皇上看怎麼樣都留不住張良，只好讓他回去了。至於我呢？想想沒有張良陪我下棋喝茶

的日子，恐怕也是挺無聊的。所以，我也收拾了行李，跟著張良一塊回老家去了。臨行前，皇上和呂后還特地為張良送行；特別是呂后，如果沒有張良的計策，現在出來送行的恐怕就是戚夫人了。

在回家的途中，我們經過濟北的穀城山下。「穀城山，穀城山，……好熟的名字，好像在哪兒聽過？」張良歪著頭想了半天，自言自語了起來。

「啊！」我大叫一聲，「這不就是下邳那位黃衣老人說的穀城山嗎？」

「對！」張良也想了起來，「那個時候他說；『等你功成名就的那一天，你會經過濟北的穀城山，在山腳下你就會見到我了！』就是這個穀城山。」

我們想起了老人的這句話，立刻走到山腳邊，碰到人就問他

們是不是見過一個穿著黃衣服的老先生，可是問了好多人，都沒有人見過黃衣老人。我們想一想，認識黃衣老人的時候，他大概也八十多歲了，那時我們才二三十歲。現在，我們都已經四五十歲了，那老人家不就一百多歲了嗎？還有沒有活在世上都不曉得。

一連找了好幾天，天氣又熱，正當我們打算要放棄，累倒在山腳下一棵大樹下的時候，我靠著樹下的大石頭休息，突然間，張良眼睛一亮，把我從大石頭旁推開。

「你幹什麼啊？別這麼粗魯行不行？我也是個上了年紀的……。」話還沒說完，張良打斷我的話：「你不覺得這塊大石頭很眼熟嗎？」

「還好吧，不就是塊普通的石頭而已啊！」我實在看不出來這

塊石頭有什麼不同。

「這個顏色，不就是黃衣老人身上衣服的顏色嗎？」張良好像挖到寶一樣，高興的說。

「對耶！」這塊石頭的顏色，真的跟黃衣老人的那件黃衣服顏色一模一樣。而且，看著這石頭的紋路，越看越像那老人笑起來的雙眼，這個表情，好像就在對張良說:「哈哈！怎麼樣？我說過我們會見面的吧！」

張良

前 250 年　父死。

前 230 年　韓國亡，韓王被俘。張良散盡家財，求力士刺殺秦王。

前 218 年　秦始皇出巡至博浪沙，張良雇刺客擊殺未遂，逃亡下邳。

前 209 年　投靠景駒途中遇劉邦，暢談兵法，一見如故，遂跟隨劉邦。

前 206 年　助劉邦入關，秦王子嬰出降。項羽攻入關中，劉邦依張良計，脫困鴻門宴。

前 204 年　入諫劉邦，阻止酈食其重封立六國後裔的建議。

前 203 年　促成劉邦封韓信為齊王。

前 202 年　劉邦與項羽訂立盟約。張良建議劉邦毀約，率軍渡鴻溝襲擊項羽。

前 201 年　被封為留侯。

前 196 年　與商山四皓相議，使呂后泣訴劉邦，太子免於出征黥
　　　　　布。

前 195 年　引商山四皓與劉邦相會，保太子地位。

前 186 年　去世，諡文成侯。

獻給孩子們的禮物

「世紀人物100」

訴說一百位中外人物的故事
是三民書局獻給孩子們最好的禮物！

◆ 不刻意美化、神化傳主，使「世紀人物」更易於親近。

◆ 嚴謹考證史實，傳遞最正確的資訊。

◆ 文字親切活潑，貼近孩子們的語言。

◆ 突破傳統的創作角度切入，讓孩子們認識不一樣的「世紀人物」。

國家圖書館出版品預行編目資料

運籌帷幄，決勝千里：張良 / 胡其瑞著;李建繪. －－初
　版二刷. －－臺北市：三民，2010
　　　面；　　公分. －－(兒童文學叢書 / 世紀人物100)

ISBN 978–957–14–4959–3　（平裝）

1.(漢)張良 2.傳記 3.通俗作品

782.821　　　　　　　　　　　　　　　96025468

ⓒ　運籌帷幄，決勝千里：張良

著作人　　　胡其瑞
主　　編　　簡　宛
繪　者　　　李　建

發行人　　　劉振強
著作財產權人　三民書局股份有限公司
發 行 所　　三民書局股份有限公司
　　　　　　地址　臺北市復興北路386號
　　　　　　電話　(02)25006600
　　　　　　郵撥帳號　0009998–5
門 市 部　　(復北店)臺北市復興北路386號
　　　　　　(重南店)臺北市重慶南路一段61號
出版日期　　初版一刷　2008年1月
　　　　　　初版二刷　2010年10月
編　　號　　S 782130
行政院新聞局登記證局版臺業字第○二○○號

有著作權‧不准侵害

ISBN　978–957–14–4959–3　（平裝）

http://www.sanmin.com.tw　三民網路書店
※本書如有缺頁、破損或裝訂錯誤，請寄回本公司更換。